Leni Weber

Das Jenseits ist gleich nebenan

Leni Weber

Das Jenseits
ist gleich nebenan

Erfahrungsbericht

Bibliografische Information der Deutschen National-bibliothek:
Die Deutsche Nationalbibliothek verzeichnet diese Publikation in der Deutschen Nationalbibliografie; detaillierte bibliografische Daten sind im Internet über http://dnb.dnb.de abrufbar.

© 2016 Leni Weber
Coverbild: zhanna/Shotshop.com

Herstellung und Verlag: BoD – Books on Demand, Norderstedt

ISBN: 978-3-7412-5321-8

Dieses Buch widme ich meiner Mama, meinem Papa und meinem Stiefpapi. Danke, dass Ihr mich immer noch unterstützt – aus dem Jenseits.

Ich liebe Euch!

1. Kapitel

Mit der roten Rose in der Hand gehe ich dem Urnenträger hinterher. Ich versuche, mir vorzustellen, dass meine Mutter in der Urne liegt, zumindest ihre Überreste. Doch das gelingt mir nicht. Wer weiß schon, was da drin ist? Vielleicht nur ein Becher Kreide oder eine Schaufel Sand. Ich hätte vorher nachsehen sollen. Wie soll ich mich auf die Beerdigung konzentrieren, wenn ich mir nicht sicher sein kann, dass meine geliebte Mama da drin ist?

Ich erwäge, dem Urnenmann auf die Schulter zu tippen und ihn zu fragen, ob ich mal einen Blick in die Dose werfen darf. Aber ich bin ja nicht alleine hier. Hinter mir trottet eine Trauergesellschaft hinterher, die es sicherlich nicht gutheißt, würde ich den Ablauf der Beerdigung stören. Dabei ist diese Sache von elementarer Bedeutung.

Schließlich will ich nicht bloß einen Topf voller Blumenerde für 1,50 Euro beerdigen, sondern Mama. Die Frau, die mich großgezogen hat und alles für mich war. Jetzt ist sie tot! Einfach aus dem Leben gegangen und hat mich hier zurückgelassen. Dabei dachte ich immer, dass sie ewig leben wird. Mindestens so lange, bis ich selbst reif für die Kiste bin. Aber nein, meine Mama geht vor mir rüber und ich fühle mich leer und verlassen.

Ich würde sie gerne noch mal in den Arm nehmen, sie knuddeln und ihr sagen, wie lieb ich sie habe. Nur wie soll das gehen mit einer Urne?

Ach, Mama, du hättest mich wenigstens fragen können, ob es mir recht wäre, dass du gehst! Doch du ziehst dein eigenes Ding durch. Na ja, du hattest halt deinen eigenen Kopf.

Wir stehen am Grab und der Urnenträger lässt die Urne in dieses winzige Loch gleiten. Herrje, kleiner hätten sie es wohl nicht graben können? Wie soll ich mir so vorstellen können, dass ein Mensch dort hinabgelassen wird. Es ist ja auch kein Mensch mehr, es ist Asche in einer Metallschachtel.

Gib mir meine Mama zurück!

Mir fließen die Tränen ununterbrochen die Wange herunter. Ich müsste eigentlich schon vertrocknet sein, da meine Flüssigkeit den gesamten Friedhofsboden bedeckt. Der andere Teil liegt in der Kapelle. Wahrscheinlich feudelt dort gerade einer die Pfützen weg.

Wir helfen dem Grabzuschaufler bei seiner Arbeit und werfen jeder eine Handvoll Erde ins Löchlein. Als ich an der Reihe bin, schaue ich hinein. Da liegt sie – die weinrote Urne mit der hübschen Rose auf dem Bauch. Ich blicke tiefer ins schwarze Nichts, aber meine Mama ist nicht zu sehen.

„Mama, wo bist du?", frage ich in Gedanken und hätte schwören können, einen zarten Windhauch am Ohrläppchen gespürt zu haben. Ein rotes Rosenblatt fliegt mir entgegen, es hat sich vom Gesteck gelöst. Ich bücke mich danach und hebe es auf. Zu Hause werde ich es zwischen die Seiten eines dicken Buches legen, um es zu trocknen, als

Andenken an diesen traurigen Tag. Den traurigsten meines Lebens!

Mir ist nicht klar, wie ich diesen Schmerz überwinden kann. Doch ich sollte nichts Unmögliches von mir verlangen. Es sind lediglich drei Wochen vergangen. Ja, vor vier Wochen haben wir noch miteinander geredet. Da lag sie bereits schwer krank und abgemagert im Krankenhaus. Ich wusste, dass es nicht mehr lange gehen würde, aber ich habe es nicht wahrhaben wollen. Verflucht noch mal, ich habe mir jeden Tag eingeredet, ich könnte das Blatt wieder wenden, könnte etwas für sie tun, ihr das Leben retten!

Die Ärzte hielt ich täglich auf Trab. Schließlich sollten sie jede erdenkliche Medizin an ihr ausprobieren, nichts unversucht lassen. Aber nach monatelangem Kampf haben ihre Organe einfach versagt, ist sie eingeschlafen – für immer.

In der Nacht rief das Krankenhaus an.

„Ihre Mutter ist gestorben. Es tut uns sehr leid. Möchten Sie gerne vorbeikommen?"

Natürlich wollte ich das! Ich musste sie

ein letztes Mal sehen. Auch wenn es bloß ihr toter Leib war. Ich schlüpfte in die Klamotten und fuhr mit meinem Stiefpapi und meiner Tante in die Klinik.

Man hatte sie liebevoll zurechtgemacht, eine Kerze angezündet und ihre Hände gefaltet. Meine Mama lag tot im Bett – meine Mama! Wie konnte das sein? Klar starben Mamas regelmäßig auf der Welt – überall in jedem Winkel der Erde. Aber doch nicht meine!

Ihr Todeskampf musste schwer für sie gewesen sein, ihr Gesicht sah gequält aus.

Mein Stiefpapi küsste meine Mama ein letztes Mal. Wow, das könnte ich nicht. Es war doch nur noch totes Fleisch, was da lag. Ich dachte an die Worte einer Freundin.

„Die Seelen schweben durchs Fenster hinaus."

Deswegen öffnete ich ein Fenster, damit meine Mama den Weg nach draußen fand.

„Mach's gut Mama! Ich werde dich immer vermissen."

Direkt am selben Tag wollte mein Stiefpapi die Beerdigung organisieren. Na ja, die Nacht hatte ich sowieso nicht geschlafen, anfangen konnte ich mit mir auch nichts, daher blieb eine Menge Zeit, mich genau damit zu beschäftigen. Also fuhren wir zu dritt ins Beerdigungsinstitut und gaben alles in Auftrag. Die weinrote Urne mit der hübschen Rose auf dem Bauch war mir sofort ins Auge gestochen. Es war, als hätte meine Mutter neben mir gestanden und darauf gezeigt.

Und nun ist alles vorbei. Mama liegt zerbröselt im Grab in der weinroten Urne mit der hübschen Rose auf dem Bauch und ich gehe mit der Trauergesellschaft im Schlepptau Richtung Ausgang. Mein Stiefpapi und ich haben einen Tisch im Restaurant bestellt. Das Restaurant! Dort haben wir vor gar nicht langer Zeit zu viert gesessen – meine Mama, mein Stiefpapi, mein Freund und ich – und richtig gut gegessen. Wir alle waren begeistert, vor allem Mama. Deshalb bekommt sie heute an ihrem Tag ihr Essen!

Nach und nach finden wir uns dort ein und nehmen Platz an der gedeckten Tafel. Ich habe meine Schwester fünf Jahre nicht gesehen. Oder sind es sechs? Sie ist so alt geworden! Bin ich das auch? Sechs Jahre sind eine lange Zeit. Wir setzen uns gegenüber, unsere Männer ebenfalls. „Herr Floh" (mein Freund) sieht meine Schwester und meinen Schwager heute das erste Mal. Wir sind ja gerade drei Jahre zusammen. Und ein Jahr zuvor haben wir erst meinen Vater beerdigt. Man kann wahrhaftig nicht behaupten, dass es langweilig wäre in unserer Beziehung. Hoffentlich geht das nicht so weiter.

Meine Schwester und ich nähern uns nur langsam an. Sie ist distanziert und kalt wie ein Grab ... hahaha!

Wäre es nach mir gegangen, hätten wir allen Ballast über Bord geworfen und wieder da angeknüpft, wo wir vor dem Streit aufgehört haben. Doch ihre Mauer ist dermaßen hoch, dass sie den Himmel beinahe berührt. Wenn ich da hochklettere, könnte ich Mama bestimmt sehen.

Wir tauschen unsere Telefonnummern aus und nehmen uns vor, ab jetzt Kontakt zu halten. Mich freut's. Obwohl ich weiß, dass es eher mir vorbehalten sein wird, mich zu melden. Meine Schwester ist in diesen Dingen inkompetent. Kontakte pflegen ist nicht ihre Sache! Andere Menschen im Allgemeinen sind nicht ihre Sache! Macht nichts, glaube ich ... Nun gut, mal sehen.

Wir unterhalten uns über Allgemeines, nichts Persönliches. Wir lachen sogar zusammen. Komisch, wie gelingt mir das an solch einem Tag? Aber ich spüre weiterhin eine tiefe Kluft zwischen ihr und mir. Kann sie nicht ein wenig lockerer werden? Warum ist sie derart steif? Bin doch bloß ich, ihre kleine Schwester, mit der sie aufgewachsen ist und sich über Spielzeug und später über andere unwichtige Dinge gestritten hat. Schließlich hatte unser letzter Streit alles einstürzen lassen – dieses Kartenhaus, das ohnehin all die Jahre lediglich durch ihren Mann, meinen Schwager, zusammengehalten wurde. Er war unser Bindeglied, weil alle Verabredungen zwischen ihm und mir getroffen worden sind. Wäre er nicht gewesen, hätten meine Schwester und ich früher den Kontakt abgebrochen. Sie ist eben ziemlich unmotiviert, sich um andere Menschen zu kümmern. Mir wäre das zu einsam. Und jetzt ist alles noch einsamer geworden, weil Mama gestorben ist.

Irgendwann löst sich die Trauergesellschaft auf. Jeder geht seiner Wege. Ich hätte meine Schwester zum Abschied gern an mich gedrückt und für immer festgehalten. Sie ist meine letzte direkte Familie. Tanten und Onkel sind ja indirekt. Doch sie ist unerbittlich reserviert. Gott, kann sie sich den Stock im Hintern nicht mal rausoperieren lassen? So steif ist nicht mal die katholische Kirche. Herrje, wie kommen wir uns jemals wieder näher, wenn sie nicht aus sich herauskommt? Sie ist verschlossener als ein Gullydeckel.

Als ich in der Wohnung meiner Eltern bin, lege ich mich in die Wanne zum ausgiebigen Grübeln. Ich starre auf die kleinen bunten Schmetterlinge aus Plastik und Papier, die meine Mutter sammelte und an die Badezimmerwand gehängt hat. Plötzlich sehe ich überall Schmetterlinge im Raum. Sie fliegen über meinen Kopf hinweg und finden sich im Muster der Handtücher wieder sowie im Putz der Wand. Schnappe ich jetzt über? Ich erinnere mich an die Worte meiner Tante. Sie hat sie „Herrn Floh", meinem Freund, nach der Beerdigung zugeflüstert und nicht mir. Trotzdem schwingen sie in mir nach.

„Pass schön auf Leni auf. Nicht, dass sie spirituell wird."

Und das nur, weil ich das Rosenblatt vom Boden aufgehoben und ein paar Mal behauptet habe, Mama hätte es mir bestimmt geschickt. Bin ich deswegen zu einer Gefahr geworden? Und wann ist man spirituell? Sobald man an ein Zeichen von oben glaubt oder jeden Tag zu Buddha betet? Ist spirituell sein giftig oder gesundheitsgefährdend?

Am nächsten Tag fahren „Herr Floh" und ich zurück nach Hamburg. Berlin ist ohne meine Mama nicht mehr dieselbe Stadt. Alles wirkt grau und trist. Wie soll ich es bloß schaffen wiederzukommen? Kann ich meinen Stiefpapi jetzt alleine lassen?

Meine Gedanken fahren Achterbahn während der Autofahrt. Ich bin jetzt eine Vollwaise. Gut, ich bin fünfundvierzig Jahre und selbst schon fast eine Greise. Meine Lebenserwartung ist beinahe erreicht, da ich mich aufgrund meiner chronischen Erkrankung wie achtzig fühle. Und ja, da muss wohl jeder mal durch. Aber warum ich? Warum jetzt? Warum überhaupt?

Kapitel 2

Ich liege mit „Herrn Floh" auf der Couch und weine in seinen Arm hinein. Er tröstet mich, so gut es geht. Doch den Schmerz kann er mir nicht nehmen. Wie auch? Der haftet an mir wie ein Spezialkleber.

Plötzlich fängt der Fernseher an zu brüllen. Knall auf Fall hat er sich in meine melancholische Weinerei eingemischt und dröhnt wie ein Hubschrauber, der gerade vor unserem Wohnzimmertisch landet. Beinahe möchte man sich die Zeigefinger in den Gehörgang stopfen, denn der Radau ist markerschütternd. Solch ein seltsamer Lärm ist aus seinen Lautsprechern noch nie hervorgekommen. Bis eben lief er auf Standby und nun hat er sich von selbst eingeschaltet und verhält sich wie eine Höllenmaschine. Wie geht das? Weder ich noch mein Freund sind an die Fernbedienung geraten. Die liegt unangetastet auf dem Tisch. Seit drei Jahren steht die Flimmerkiste hier rum, aber so etwas ist niemals vorgekommen. Kaputt ist sie auch nicht. Oder vielleicht doch?

Mein Freund spricht aus, was ich denke.

„Das ist bestimmt deine Mutter!"

„Ja", sage ich, „das ist meine Mama!"

Ich springe vom Sofa und laufe zum Fernseher, um ihn auszuschalten. Das klappt ohne Probleme. Danach schalte ich ihn von Neuem ein. Er läuft wie eine Biene. Na bitte, alles in Ordnung. Einen Fehler hat die Glotze nicht. Also müssen da andere Mächte am Werk sein. Wie soll zu erklären sein, dass ein totes technisches Gerät zu leben beginnt und unerklärbare Dinge tut, für die es nicht programmiert wurde?

Das war ein deutliches Zeichen von Mama. Danke!

Sechs Wochen später habe ich Geburtstag. Wir machen Urlaub in Boltenhagen und ich liege auf der Terrasse in der Sonne und wünsche mir, meine Mutter könnte mich anrufen – geradewegs das Telefon klingeln lassen und mir gratulieren. Was würde ich dafür geben, ihre Stimme wiederzuhören – ihr süßes, warmherziges Geträller!

Am Abend liegen „Herr Floh" und ich im Hotelbett und zappen uns durch die Fernsehprogramme. Irgendwann werden wir müde und schalten das Licht aus. Ich schlafe nicht gleich ein, weil ich immer noch viel an meine Mama denke. Dieser Schmerz in der Magengegend hindert mich daran, das Leben unbeschwert weiterzuleben. In Gedanken suche ich nach einer Lösung – einer Möglichkeit, die Trauer zu bewältigen. Es tut so weh in mir, jede einzelne Faser meines Körpers schreit nach dem Menschen, den ich über alles liebe, der mich über alles geliebt hat. Wie soll man Gefühle abstellen, nur weil die Person nicht mehr lebt? Ich weiß nicht, wie das gehen soll, denn Liebe lässt sich nicht ausknipsen. Eigentlich rechne ich damit, mal wieder nicht einschlafen zu können, weil mich mein ständiges Gegrübel seit Mamas Tod daran hindert. Erstaunlicherweise werden meine Lider schwer und ich döse langsam weg.

Auf einmal schrecken „Herr Floh" und ich auf, denn im Zimmer tut sich etwas Seltsames. Der Fernseher ist angesprungen – ohne Vorwarnung, ganz von allein! Als hätte er ein Eigenleben und täte, was er will. Die Fernbedienung liegt auf dem Nachttisch und keiner kann versehentlich dagegengekommen sein. Mein Freund und ich sehen uns verblüfft an. Es spukt nicht nur in unserem Wohnzimmer, sondern auch hier im Hotel, direkt in diesem Raum!

„Hast du den Fernseher angemacht?", fragt mich „Herr Floh" fast vorwurfsvoll.

„Nein", sage ich, „der ist von allein angesprungen."

Ich schalte das Gerät aus und danach nochmals an. Alles funktioniert problemlos.

„Ich glaube, meine Mama will mir heute noch gratulieren."

„Herr Floh" lächelt.

Dies ist bereits das zweite Fernsehgerät, das auf wundersame Weise erwacht und zu leben beginnt. So etwas geschieht doch nicht ohne Zutun! Technik kann nicht einfach selbst entscheiden, sich einzuschalten. Das kann nur ein Verstand – eine Intelligenz. Ist es möglich, dass meine Mama weiterhin lebt, irgendwo in einer verborgenen Welt, dass sie mich kontaktieren will, um mich zu beruhigen?

Nachdem Ruhe im Zimmer eingekehrt ist, schlafe ich mit einem Lächeln im Gesicht ein. Sie ist bei mir! Sie lebt! Ich bin glücklich.

Am nächsten Abend schauen wir abermals Fernsehen im Hotelbett. Als wir die Flimmerkiste ausschalten, brauche ich noch länger, um einzuschlafen. Ein bisschen hoffe ich, dass das Ding erneut anspringt. Darum warte ich darauf und zwinge mich, wach zu bleiben. Jedoch fallen mir die Augen nach einer guten Stunde zu. Ich schlafe zwar, wälze mich allerdings hin und her.

Dann passiert es tatsächlich! Die Kiste springt an und reißt mich aus dem Schlaf. Diesmal ist es mitten in der Nacht und die Uhrzeit eine andere.

Da ist sie wieder! Meine Mama schickt mir das nächste Zeichen! Ich bin überwältigt.

Danke für dieses schöne Geburtstagsgeschenk!

„Herr Floh" liegt neben mir und schläft wie ein Murmeltier. Um ihn herum könnte das Haus einstürzen und er würde nichts bemerken. Ich lasse ihn schnorcheln und genieße den Kontakt zum Jenseits für mich allein.

Nach unserem Urlaub telefoniere ich das zweite Mal mit meiner Schwester. Sie hatte mir mit einer E-Mail zum Geburtstag gratuliert. Dafür möchte ich mich heute bedanken und rufe sie an. Obwohl ich mir gewünscht hätte, dass sie mich an meinem Tag anruft. Da haben wir wieder ihr Problem. Sich um Menschen zu bemühen, ist ihr zu aufwendig. Wie beim ersten Mal telefonieren wir zwei Stunden und reden viel über unsere Mama. Ich merke, wie sehr mich die Gespräche mit ihr stressen, weil sie zu unserer Mutter ein anderes Verhältnis hatte als ich. Ihre Worte klingen mitunter verbittert und es gibt kaum etwas, dass sie positiv in Erinnerung hat. Zumindest äußert sie sich bloß über das Negative. Ich wünsche mir zu verstehen, warum sie so denkt, wie sie denkt. Doch ich komme nur bedingt dahinter. Offenbar fühlte sie sich von unserer Mutter weniger geliebt und anerkannt. Vielleicht war es so, vielleicht nicht. Ich weiß, was für ein schwieriger Charakter meine Schwester ist. Und nicht nur die Umwelt prägt den Charakter, sondern er wird zu einem Teil vererbt. Ich glaube, dass es beide nicht leicht miteinander gehabt haben – sie schlichtweg nicht zueinanderpassten. Meine Schwester als hypersensible, oft distanzierte Persönlichkeit, die lediglich ihre eigene Meinung gelten lässt – und eine Mutter mit ebenso eigenem Kopf. Eine Mutter, die wiederum mit ihrer Mutter eine unnahbare Beziehung gepflegt hatte und ein rebellisches Kind gewesen ist. Da trafen zwei Problemfälle aufeinander. Deswegen ist weder der eine noch der andere schlecht. Aber meiner Mutter war es gelungen, sich für die Menschen in ihrem Umfeld zu interessieren – mit ihrer Familie eine liebevolle Verbindung zu pflegen. Meine Schwester brach den Kontakt zu allen ab.

Darum ist es jetzt schwer für mich, ihr zuzuhören, weil sie in meinen Augen der komplizierteste Mensch ist, den ich kenne. In vielem sieht sie oft das Schlechte. Ich muss immerzu aufpassen, was ich sage, denn sie mag es nicht, wenn man eine andere Meinung als sie vertritt, egal zu welchem Thema. Also halte ich mich zurück mit dem, was ich sage. So war es schon immer. Bloß keinen Unfrieden stiften. Genauso hielt es unsere Mama mit ihr. Nix sagen, was falsch gedeutet werden könnte, sonst war gleich der Teufel los. Und beißt sich meine Schwester erst mal an einem Thema fest, gibt es kein Entrinnen und ein Ende schon gar nicht. Es wird diskutiert, bis die Lunte brennt und kurz vor der Explosion steht. Nicht selten resultieren aus diesem unnachgiebigen Verhalten Streitereien, die ebenfalls kaum zu stoppen sind. Dass dieser Starrsinn womöglich schuld am Gezanke ist, wird natürlich geleugnet.

Trotz allem habe ich sie lieb, und das wird nie anders sein, auch wenn wir es nicht wieder schaffen sollten zueinanderzufinden. Ich merke, dass ich nicht mehr so leidenschaftslos wie früher bin, wenn es um ihre kleinen Gemütsunruhen geht, die bisweilen in Eruptionen enden. Aufgrund meiner schweren chronischen Erkrankung, die eine Menge meiner Energie raubt, bin ich weniger geneigt als früher, Verständnis für sie aufzubringen. Außerdem lege ich heute größeren Wert auf zuverlässige Freundschaften. Ich genieße es, wenn das Bemühen umeinander von beiden Seiten ausgeht. Doch da kann ich von ihr nichts erwarten. Ob mir das reicht?

Ein paar Wochen später kaufen „Herr Floh" und ich einen neuen Fernseher für unser Wohnzimmer. Wir haben zwar einen Flachbildschirm zu Hause stehen, aber der ist klein. Mein Wunsch: Kinofeeling in den eigenen vier Wänden. Und da meine Mutter eine Fernsehanspringlass-Fachfrau geworden ist und sie bereits zwei verschiedene Geräte beeinflussen konnte, wird sie es auch mit dem neuen schaffen, da bin ich sicher.

Im Geschäft entscheiden wir uns für einen gigantischen Fernseher. Er ist fast dreimal so groß wie der alte. Wir lassen uns das

Teil von einem Lagermitarbeiter ins Auto schieben und fahren happy über unseren Kauf nach Hause. Den Brocken schleppen wir unter größten körperlichen Mühen ins Wohnzimmer und schließen ihn an. Wahnsinn! Plötzlich erscheinen einem die Leute auf der Mattscheibe faltig und verpickelt. Jede Hautpore wird sichtbar. Das ist fast beängstigend.

Und was soll ich sagen: Es dauert keine Woche und der Fernseher springt wie von Geisterhand an. Mir nichts dir nichts, schwups – an! Unglaublich, aber wahr! Meine Mama kann es mit allen Fernsehern.

Sie ist nach wie vor in meiner Nähe und macht sich auf diese Weise bemerkbar. Sollte ich auch nur einmal geglaubt haben, die Spukereien seien Zufall, bin ich jetzt über jeden Zweifel erhaben. Drei verschiedene Geräte, die von selbst zu laufen beginnen, kann man nicht mit einer bloßen Zufälligkeit abtun. Drei Monate sind seit dem Tod meiner Mutter vergangen und ich habe weiterhin das Gefühl, sie zu spüren. Die verrücktspielende Technik ist nur eine Bestätigung dessen, was ich ohnehin weiß: Meine Mama ist bei mir, hat es wie ich noch nicht geschafft, endgültig loszulassen.

Die Zeit vergeht ohne besondere Vorkommnisse. Bald ist ein Dreivierteljahr um und „Herr Floh" und ich feiern zu Hause Silvester. Es ist achtzehn Uhr und wir haben unseren Wohnzimmertisch mit vielen Leckereien gedeckt und die Vorfreude, sie alle zu essen, ist riesengroß. Wir wollen den Fernseher einschalten, doch er kommt uns zuvor. Bevor einer nach der Fernbedienung greifen kann: schwups – an! Ich bin so dankbar, dass Mama gekommen ist, um uns einen guten Rutsch zu wünschen. Du bist einfach die Beste! Ich liebe dich, und das für immer. Schön, dass du dich auch nach deinem Tod um mich sorgst.

Kapitel 3

Nun ist eine angemessene Zeit vergangen und ich habe mir vorgenommen, meine Mama mit Hilfe eines Mediums zu kontaktieren. Ich hatte gelesen, dass solch ein Kontakt nicht direkt nach dem Ableben eines Angehörigen geschehen soll, weil beide, Seele und Zurückgebliebener, Zeit zum Trauern benötigen. Daran habe ich mich gehalten, aber jetzt brennt es mir unter den Nägeln, sie „persönlich" zu sprechen.

Morgens werde ich ohne Wecker wach. Den Termin habe ich am Vormittag und bin aufgeregt wie ein Teenager vor seinem ersten Date. Wie wird es ablaufen? Habe ich das richtige Medium gefunden? Anna heißt sie und ich hoffe, dass sie was kann und keine Scharlatanin ist. Der Preis, den sie verlangt, ist human. Eine Sitzung kostet fünfzig Euro. Ich finde das in Ordnung.

Gegen zehn Uhr verlasse ich die Wohnung und fahre los. Ich habe das Gefühl, eine Verabredung mit meiner Mama zu haben. Darum bin ich voller Euphorie. Mein Auto fährt fast von allein durch den Elbtunnel. Offenbar weiß es Bescheid und lenkt mich sicher zur eingegebenen Adresse. Hoffentlich fängt es nicht noch an zu sprechen. Als K.I.T.T. und ich in die richtige Straße einbiegen, finden wir gleich einen Parkplatz vorm Eingang. Als wäre er für mich reserviert gewesen. Mein Auto winkt mir mit der Lichthupe zu, als ich es per Fernbedienung verschließe, und schon stehe ich am Hauseingang. Ich klingle und mit einem Summen wird mir geöffnet. Ich stemme mich gegen die schwere Eingangstür und trete ins Treppenhaus. Fast schüchtern schleiche ich zu Anna, die mich an der geöffneten Tür empfängt.

„Hallo, ich bin Anna", stellt sie sich mir vor und reicht mir die Hand.

„Freut mich, ich bin Leni."

Sie bittet mich, die Schuhe auszuziehen.

Kein Problem. Die Füße sind ohnehin so kalt wie Eiszapfen.

Dann setzen wir in einen kleinen Raum über, in dem ein Tisch steht und zwei gemütliche Stühle. Wir setzen uns – sie links, ich rechts. Anna zeigt zu den Teekannen und bietet mir ein Heißgetränk an. Ich lehne ab, da ich viel zu aufgeregt zum Trinken bin. Ich könnte keine Tasse in der Hand halten, geschweige denn zum Mund führen.

Sie erklärt mir kurz den Ablauf und dann geht es los. Denn meine Mutter wartet bereits auf mich und ist genauso aufgeregt wie ich. Anna sagt, sie wäre schon die ganze Zeit bei ihr. Als ich das höre, schwinge ich innerlich vor Glück. Meine Mama ist längst hier und freut sich ebenso wie ich. Sie zeigt Anna ein Herz und will mir sagen, wie sehr sie mich liebt. Dann beschreibt sie Anna, wie sie als Mensch ausgesehen hat. Mama möchte, dass ich sie erkenne und somit weiß, dass ich mit ihr spreche. Anna erklärt mir, die Verstorbenen würden dies in der Regel immer tun. Sie beschreiben zuerst ihr Äußeres und ihren Charakter. Ich brauche nichts zu tun oder zu sagen. Anna weiß alles.

„Deine Mutter zeigt mir eine kleine dunkelhaarige Frau mit kurzen Haaren um die siebzig."

„Ja, so hat sie ausgesehen."

„Sie ist glücklich, dass du hier bist."

„Das bin ich auch."

Gott, ich muss mir die Tränen verkneifen. Ich kann's nicht. Sie rollen mir plötzlich über die Wange.

„Deine Mutter sagt mir, dass du dich voller Hingabe um sie gekümmert hast, als sie krank wurde. Sie möchte dir danken. Sie weiß, wie viel du geweint und um sie getrauert hast. Doch sie möchte, dass du deine Trauer abschließt und das große Foto von ihr, das im Wohnzimmer steht, wegnimmst."

„Das mache ich."

„Sie hat die Telefonate mitbekommen, die du mit deiner Schwester geführt hast. Die Gespräche mit ihr waren sehr emotional für dich."

„Ja, das waren sie."

„Sie freut sich, dass du mit ihrem Mann

ein gutes Verhältnis hast. Sie sagt, ihr telefoniert viel miteinander."

„Ja, das machen wir. Weiß meine Mutter denn alles? Besucht sie mich immer dann, wenn der Fernseher angeht?"

„Sie sagt, sie besucht dich viel öfter. Aber das würdest du nicht bemerken. Die Fernseher lässt sie angehen, um dir ein Zeichen zu geben."

„Besucht sie meine Schwester genauso häufig?"

„Sie sagt, das Verhältnis zur anderen Tochter wäre schwierig und sie würde sie ebenfalls besuchen. Allerdings ist es schwerer, zu ihr durchzudringen."

Ich nicke wissend und bewundere Annas Wissen über das distanzierte Verhältnis zwischen meiner Mutter und meiner Schwester. Schließlich kann sie das von mir nicht wissen, wie auch alle anderen Informationen, die sie wie selbstverständlich vorträgt.

„Sie bittet dich, auf deine Schwester aufzupassen."

Ich winke ab!

„Das kann ich nicht. Sie lässt mich nicht

an sich heran, Mama. Sei mir bitte nicht böse, aber auf meine Schwester aufpassen kann ich nicht. Wir leben auf zwei verschiedenen Planeten und ihrer wendet mir ständig die Nachtseite zu. Ich weiß nicht, ob wir jemals wieder zueinanderfinden werden. Wohl eher nicht."

„Deine Mutter versteht das", sagt Anna und nimmt mir den Druck, der sich gerade aufgebaut hatte.

„Danke", sage ich nur und atme tief durch.

Auf einmal geht Anna in sich und ist ein paar Sekunden nicht auf Sendung.

„Hier ist noch jemand, der dich gerne sprechen möchte. Ein Mann", sagt sie und wendet sich mir wieder zu.

Ich denke an meinen Vater und an meinen Opa und überlege, ob ein weiteres männliches Familienmitglied gestorben sein könnte.

„Kann es sein, dass du deinen Vater vor ebenso nicht langer Zeit verloren hast?"

Ich nicke und staune.

„Er fragt, ob er das Gespräch mit deiner

Mutter unterbrechen darf."

„Natürlich!", sage ich überglücklich, auch mit meinem Vater reden zu können.

Er zeigt Anna sein Aussehen, so wie er als Erdling ausgesehen hat. Sie berichtet, was sie sieht. Es stimmt alles. Danach beschreibt er seinen Charakter.

„Dein Vater sagt von sich, dass er schwierig war und die letzten Jahre gern für sich war."

„Ja, das ist wahr."

„Die Menschen hatten es nicht immer leicht mit ihm, aber er hat sich sehr bemüht. Er weiß, dass er nicht alles richtig gemacht hat. Und er kennt deinen Schmerz. Ihm ist bewusst, dass er Fehler gemacht hat. Deshalb möchte er dir sagen, dass er dich liebt. Er wünscht sich, dass du ihm verzeihst."

„Das tue ich. Danke, Papa."

Ich erzähle ihm von meinem Kummer, den ich durchgemacht habe, weil ich mich nicht richtig geliebt gefühlt habe von ihm. Er möchte mir diesen Zweifel nehmen und lässt mir mehrmals über Anna ausrichten, dass er mich liebt und immer geliebt hat.

Dafür bin ich unendlich dankbar.

Dann verspricht er mir, mich aus dem Jenseits finanziell zu unterstützen. Er weiß, dass er mir nicht helfen konnte, als ich Hilfe brauchte.

Ich bedanke mich herzlich und bin verblüfft. Wie kann wohl ein Verstorbener einem Menschen im Diesseits finanziell unter die Arme greifen? Ich bin gespannt und nehme mir vor, in der nächsten Zeit sehr aufmerksam zu sein. Wenn ich eine Geldspritze von Papa erhalte, möchte ich es bemerken und mich dafür gebührend bedanken.

Danach plausche ich noch mit meiner Mama. Wir haben uns einiges zu erzählen und ich muss all meine Fragen loswerden, die ich mir der Reihe nach notiert habe. Andauernd staune ich, was Anna alles weiß. Dass meine Mama neben ihr schwebt und ihr alles zuflüstert, ist für mich keine Frage. Denn Anna ist ein richtiges Medium, das ein Bindeglied zwischen der hiesigen und der dortigen Welt ist. Zwar habe ich keine Vorstellung von der Welt, in der meine Eltern weiterleben, aber eines ist klar: Das Leben ist nach dem Tod nicht vorbei. Wir existieren in einer anderen Dimension in anderer Form weiter. Für dieses Wissen bin ich dankbar und weiß jetzt ganz genau, dass ich alle eines Tages wiedersehe.

Kapitel 4

Meine Trauer um meine Mama ist verflogen. Jedenfalls zum größten Teil. Obwohl ich weiß, dass sie weiterlebt, fehlt sie mir dennoch sehr. Ich denke oft an Vergangenes und wünsche mir, die Zeit zurückholen zu können. Ständig möchte ich sie anrufen und mit ihr über die gleichen Dinge lachen – wie damals. Das Lachen, war meiner Mama wichtig. Gelacht haben wir zusammen viel.

Vielleicht bin ich ihr heute näher denn je. Schließlich kann sie mich besuchen, so oft sie will. Zwar merke ich nichts davon, aber sie. Und dass sie regelmäßig bei mir ist, weiß ich. Auch wenn die Abstände sich vergrößern.

Anna hat mir ausgerichtet, dass meine Mama ihr sagte, dass sie gerne wiedergeboren werden möchte. Zwar kann ich diesen Wunsch verstehen, doch er macht mir ein wenig Angst. Denn ich möchte sie wiedersehen, sobald ich mal das Zeitliche segne. Ich hoffe, dass sie auf mich wartet.

Eine Woche nach dem Termin mit Anna und meinen Eltern gewinne ich dreihundert Euro in der Lotterie. Ich kann es kaum glauben und hüpfe wie ein Gummiball durch die Wohnung. Natürlich weiß ich genau, dass der Geldsegen von meinem Papa stammt. Trotzdem lasse ich einen kleinen Zweifel zu, da es keine Beweise gibt.

Am nächsten Morgen höre ich Radio und als ich mich von Neuem frage, ob mein Vater sein Versprechen tatsächlich wahr gemacht hat, ertönt ein Lied im Radio, in dessen Refrain sich das Wort „Papa" einige Male wiederholt. Ich erstarre beim Zähneputzen und lausche dem Lied. Die Zahnpasta beginnt bereits, im Mund zu brennen, doch ich setze meine Säuberungsarbeit nicht fort. Erst als der Song vorbei ist, spüle ich mir den Mund aus und stürze aus dem Bad.

„Herr Floh!", quieke ich durch die Wohnung und überfalle meinen Freund, der gerade nichts ahnend am Computer sitzt.

„Stell' dir vor, mein Vater hat mir ein Zeichen übers Radio geschickt! Die dreihundert Euro sind von ihm, sie sind von ihm!", kläre ich ihn überschwänglich auf und springe wie aufpoppendes Popcorn vor ihm herum.

Ich weiß nicht, ob er versteht, was ich sage. Schließlich ist das ziemlich abgefahren. Ein Verstorbener soll Zeichen übers Radio übermitteln? Ich gebe zu, das ist abstrus und vollkommen überirdisch. Mit sachlichem Verstand nicht zu erklären. Aber wer sagt denn, dass das Leben nach dem Tod für uns verständlich sein muss? Was verstehen wir schon? Haben wir eine Vorstellung davon, was das Weltall ist – wieso es existiert? Verstehen wir etwa die Quantenphysik und warum ein und dasselbe Elektron an zwei verschiedenen Orten gleichzeitig erscheinen kann? Wir leben hier unser kleines Leben auf der großen Erde in einem Universum, für das unser Planet eine Nadel in einem gewaltigen Heuhaufen ist. Wir gehen unserer Arbeit nach, Tag für Tag, und versuchen unsere Alltagsprobleme zu lösen. Das große Ganze ist für uns zu hoch, werden wir wahrscheinlich niemals begreifen. Dafür sind wir nicht gemacht, denn unser Gehirn ist begrenzt. Unser Körper hat ein Verfallsdatum und wird eines Tages in der Erde vergammeln. Aber es besteht die Möglichkeit, dass es so etwas wie die Seele gibt, dass unser Bewusstsein weiterexistiert. Niemand kann den Gegenbeweis antreten, aber es gibt Menschen, die eine Nahtoderfahrung gemacht haben und sich bei ihrem Tod noch sehr lebendig gefühlt haben. Es gibt Menschen, die hellfühlig sind, mit Verstorbenen Kontakt aufnehmen können. Wiederum gibt es andere, so wie ich, die von drüben kontaktiert werden. Daher kann der Glaube an ein Leben nach dem Tod nicht ignoriert werden. Da ist noch mehr – weit mehr als wir verstehen können!

„Herr Floh" lässt sich seine mögliche Skepsis jedenfalls nicht anmerken und freut sich mit mir.

Ich bin erstaunt, wozu die Verstorbenen fähig sind! Ist man nur offen für die kleinen Zeichen, kann man die jenseitige Welt verstehen, auch ohne über die Fähigkeiten eines

Mediums zu verfügen. Das finde ich großartig!

In einem Buch habe ich gelesen, dass die Verstorbenen uns gerne kleine Botschaften senden. Sie können besonders gut die Elektrik beeinflussen, so wie meine Mama die Fernseher. Doch sie können auch auf andere Art auf sich aufmerksam machen. Zu diesem Thema gibt es die verschiedensten Berichte von Menschen, die ihre Erfahrungen öffentlich gemacht haben. Sie haben E-Mails oder Mailbox-Nachrichten von bereits Verstorbenen erhalten, manche finden Fotos ihrer Liebsten in der Kamera, die sie niemals geknipst haben. Manchmal fallen Bilder von der Wand oder kleine Gegenstände vom Tisch. Und es ist ein Kinderspiel für die Jenseitigen, einen Radiomoderator auf eine Weise zu beeinflussen, dass er zwei Tage später genau dieses Lied spielt. Danke, Papa! Du bist einfach klasse!

Mein Stiefpapi und ich haben seit dem Tod meiner Mutter ein prima Verhältnis. Wir telefonieren dreimal die Woche und erzählen uns alles. Schade, dass dies zu Lebezeiten meiner Mum so nicht möglich war. Ich habe immer einen Ersatzpapi gebraucht. Jetzt holen wir alles nach, was uns beiden gut gefällt. Ich bin dankbar für die väterliche Zuwendung, die er mir schenkt, und überschütte ihn mit meiner Liebe. Ich fahre regelmäßig nach Berlin, um Zeit mit ihm zu verbringen. Ich bin anhänglich wie eine Klette. Wenn ich eines nicht will, dann ist es meinen letzten Vater auch noch zu verlieren. Wir unternehmen viel miteinander, gehen ins Kino oder essen. Manchmal begleite ich ihn in sein Stammlokal, wo er Leute trifft, damit er sich nicht allein fühlt. Der Tod seiner Frau hat ihn einsam werden lassen. Er kocht nicht mehr, isst am liebsten Fertiggerichte, weil es schnell geht und keinen Aufwand bedeutet. Wer kocht schon gern für sich allein? Manchmal überlege ich, ihm meinen Kontakt zu Mama zu verraten, damit er weiß, dass es ihr gut geht. Aber dann besinne ich mich, weil ich weiß, dass er für dieses Thema nicht offen ist. Ebenso habe ich meiner Tante nichts davon erzählt. Ich habe sie sehr lieb, aber sie soll mich nicht für spirituell halten. Offenbar wäre dies für sie ein Problem. Zwar bin ich nicht spirituell, aber ihre Kriterien für dieses böse Wort scheinen andere zu sein als meine. Der Glaube an ein Leben nach dem Tod wäre für sie sicher ein unwiderleglicher Beweis, dass ich schon bald mein Gelübde ablegen werde und die Wohnung mit Räucherstäbchen umdekoriere.

Wer spirituell ist, fragt besser seinen Arzt oder Apotheker. Die Nebenwirkungen können grässlich sein.

Meine gesamte Familie ist diesem Thema gegenüber nicht zugänglich. Sie leben in ihrer Gegenwart. Daran ist nichts Verwerfliches. Nur es hindert sie daran, Mama den Weg zu ihnen zu ebnen. Sicher hatte sie zudem meine Tante, die ihre Schwester ist, besucht oder ihren Bruder, vielleicht sogar auf sich aufmerksam gemacht. Ich nehme aber an, dass weder meine Tante noch mein Onkel etwas bemerkt, es eventuell als bloßen Zufall abgetan haben werden. Das kann ich jedoch nicht mit Sicherheit sagen.

Mein Stiefpapi und ich verabreden, zusammen zu seiner Bank zu fahren. Er möchte, dass ich eine Bankvollmacht erhalte und im Falle, dass ihm etwas passiert, alles regeln kann. Mir ist ein wenig unwohl bei dem Gedanken, gerade jetzt über sein späteres Ableben nachzudenken. Trotzdem weiß ich, dass es richtig ist, diese Dinge zu organisieren. Obendrein schreibt er ein Testament, in dem er mich begünstigt, und eine Patientenverfügung sowie eine Versorgungsvollmacht, die er mir im Original aushändigt.

Nachdem alles erledigt ist, gehen wir essen und besiegeln unseren Beschluss mit einer Cola.

Als ich abfahren muss, habe ich ein komisches Gefühl. Warum weiß ich nicht, aber bald werde ich es wissen.

Das Leben könnte endlich schön sein. Ich habe das Gefühl, alles überstanden zu haben. Mama und Papa leben und haben mit mir gesprochen. Toll! Mein Stiefpapi und ich sind ein Herz und eine Seele. Trotzdem hat das Schicksal andere Pläne. Ruhe will nicht aufkommen.

Vierzehn Monate nach Mamas Tod feiere ich ein zweites Mal Geburtstag. Diesmal zu Hause. Das Telefon klingelt am laufenden Band, nur mein Stiefpapi meldet sich nicht. Drei Tage zuvor habe ich ihn noch auf dem Handy angerufen, um ihm zu seinem Geburtstag zu gratulieren. Da befand er sich auf einer Flusskreuzfahrt in Russland und lag krank im Bett. Er sagte, er habe wieder diese Beschwerden in Rücken und Arm, die ihn öfter heimsuchen. Jetzt habe ihm der Bordarzt etwas gegen die Schmerzen gegeben. Ich dachte mir nichts dabei, denn das war nicht ungewöhnlich. Trotzdem tat es mir unendlich leid, dass er ausgerechnet an seinem Geburtstag außer Gefecht gesetzt war.

Nun warte ich nervös darauf, dass er anruft, um zu gratulieren. Nichts passiert. Ein paar Stunden halte ich die Anspannung aus, dann rufe ich auf seinem Handy an. Doch sein Telefon ist ausgeschaltet. Gestern endete sein Urlaub, also müsste er eigentlich zu

Hause sein. Aber auch dort geht keiner ran. Somit gibt es keine Möglichkeit für mich, ihn zu erreichen. Ich versuche, mir einzureden, dass sein Flug storniert wurde und er länger im Ausland festsitzt. Immerzu starre ich auf mein Handy und warte auf den erlösenden Anruf. Er kommt nicht.

Am nächsten Tag (die Nacht habe ich kaum geschlafen) wähle ich beide Telefonnummern beinahe ununterbrochen. Den ganzen Vormittag mache ich nichts anderes. Leider habe ich keine Ahnung, bei welchem Reiseveranstalter mein Stiefpapi gebucht hat. Also tue ich das einzig Logische: Ich rufe alle Reisebüros in der Nähe seiner Adresse an, denn ich weiß, dass er die Reisen mit meiner Mutter oft vor Ort gebucht hat. Einige Firmen geben mir gern Auskunft, als ich ihnen von meiner Notlage erzähle, und teilen mir mit, dass auf seinen Namen nichts gebucht wurde. Andere hingegen berufen sich auf den Datenschutz und lassen mich im Regen stehen. Ich werde wütend, meine Verzweiflung wächst ins Unermessliche. Wenn ich es nicht schaffe, meinen Stiefvater ausfindig zu machen, kann ich mich nicht um ihn kümmern. Daher brülle ich die Mitarbeiterin des letzten Reisebüros, das ich anrufe, aus vollem Halse an. Meine Nerven liegen blank und ich weiß mir nicht mehr zu helfen. Diese Sumpfkuh gibt sich stur wie ein alter Maulesel und rückt nicht die kleinste Information heraus. Ich hyperventiliere und mache ihr klar, dass es vielleicht um Leben und Tod gehe. Das interessiert sie nicht! In Gedanken murkse ich sie mehrfach ab und bitte sie, mich zur Geschäftsleitung durchzustellen. Die sei angeblich nicht da. Ich mache ihr klar, dass sie mal in eine ähnliche Situation kommen könnte.

„Vielleicht haben Sie dann mehr Glück und geraten nicht an so eine verbohrte Kratzbürste wie ich", sage ich und lege einfach auf.

Nach dieser verlorenen Schlacht und mit leichten Blessuren erwäge ich, das Auswärtige Amt anzurufen, und suche mir die Telefonnummer im Internet heraus. Schlagartig ereilt mich jedoch ein Geistesblitz und ich denke an Renatchen, eine Freundin meiner

Eltern. Von ihr weiß ich, dass sie einen Schlüssel für die Wohnung besitzt, um sich um die Pflanzen zu kümmern. Allerdings kenne ich ihre Telefonnummer nicht, daher rufe ich in Axels Stammlokal an, in der Hoffnung, jemand könnte mir helfen. Von dort erhalte ich die Handynummer der Wirtin, die an diesem Tag nicht da ist. Aber sie soll über die richtigen Kontaktdaten verfügen. Zum Glück erreiche ich sie sofort und bitte um Renatchens Nummer. Nachdem ich sie mir notiert und das kurze Gespräch beendet habe, tippe ich die Zahlen mit zitternden Fingern ein und bete, dass sie zu Hause ist. Als ich ihre Stimme höre, möchte ich weinen vor Erleichterung, doch ich reiße mich zusammen und erkläre ihr die Lage.

„Ich wundere mich auch schon, dass ich noch nichts von Axel gehört habe", sagt sie und klingt sehr besorgt.

„Könntest du so lieb sein und in die Wohnung gehen?", frage ich Renatchen und hoffe, dass sie nicht ablehnt. „Dort könnten die Reiseunterlagen liegen und ich hätte einen Ansprechpartner."

„Natürlich mache ich das!", antwortet sie und verschwendet keine unnötigen Worte. „Ich gehe gleich rüber."

Danke, danke, danke! Jetzt habe ich Unterstützung und lasse nach dem Gespräch meinen Tränen freien Lauf.

Da Renatchen im Nachbarhaus wohnt, dauert es keine zehn Minuten und sie ruft aus der Wohnung meiner Eltern zurück.

„Ich weiß nicht, wo ich nachsehen soll, und traue mich nicht an die Schränke", sagt sie unbeholfen.

Dann fällt mir ein, wo die Unterlagen liegen könnten und ich bitte sie, dort zu suchen. Und tatsächlich, wir haben sie gefunden!

Sie gibt mir die Telefonnummer des Reiseveranstalters und die Buchungsnummer. Jetzt wird bestimmt alles gut!

Augenblicklich rufe ich dort an und mache dem jungen Mann am anderen Ende der Leitung klar, dass mir mein Vater verloren gegangen und er von der Reise nicht zurückgekehrt sei. Er tippt die Buchungsnummer und den Namen in seinen Computer und erfährt, dass der Flieger wie geplant abgeflogen und gelandet ist. Er würde sich aber gerne noch mal für mich erkundigen und danach zurückrufen. Ich bin glücklich, dass sich jemand kümmert. Nach dem Gespräch kommt mir die Zeit wie eine Schnecke vor, bis er sich wieder meldet.

„Frau Weber", sagt er und ich könnte schreien vor Anspannung, „wir haben Ihren Vater gefunden. Er ist direkt nach der Landung der Maschine vom Notarzt ins Krankenhaus gefahren worden. Er befindet sich also in Deutschland."

Himmel, er ist nicht in Moskau zurückgeblieben! Wenigstens muss ich ihn nicht von dort holen lassen.

Der nette Mitarbeiter gibt mir die Anschrift des Krankenhauses und ich bin erleichtert, nach dieser Odyssee zu wissen, wo mein Stiefpapi ist. Doch nun bange ich um seine Gesundheit. Immerhin war er bereits auf Reisen angeschlagen. Ich lasse keine weitere Zeit vergehen und rufe stehenden Fußes in der Klinik an. Eine weibliche Stimme meldet sich. Ich erzähle der Stimme, wer mein Stiefpapi ist und dass ich ihn gerne sprechen möchte.

„Sie wissen aber, dass dies hier eine Intensivstation ist?", fragt sie mich.

„Nein", antworte ich und stehe kurz vorm Kollaps.

„Warten Sie, ich hole mal den Chefarzt", entscheidet sie und wirft das Telefon aus der Hand. Das Krachen des Hörers auf den Tisch lässt mein Trommelfell fast platzen. Ich reibe mir das Ohr und wechsle das Telefon in die andere Hand.

Nach einer Unendlichkeit spricht eine Männerstimme mit mir. Ein Chefarzt „Dr. Sowieso".

„Mein Name ist Leni Weber", sage ich, „und ich möchte wissen, wie es meinem Vater geht. Ich habe eben erst erfahren, dass er bei Ihnen ist."

„Wir haben uns schon gewundert, dass sich keine Angehörigen gemeldet haben", teilt mir „Dr. Sowieso" mit.

„Ja, mein Vater war verreist und ich habe zwei Tage nach ihm gesucht."

„Ach so", sagt er und versteht wohl, was los ist.

„Wie geht es meinem Vater? Kann ich ihn sprechen?"

„Nein, das ist leider nicht möglich. Ihr Vater hat eine schwere Meningitis. Wissen Sie, was das ist?"

„Ich bin mir nicht sicher", antworte ich betäubt. Mir schwant Böses.

„Er ist an einer schweren Hirnhautentzündung erkrankt, die tagelang unbehandelt blieb. Wir mussten ihn gestern notoperieren."

„Oh Gott, warum das denn?"

„Weil wir Eiter in seinem Ohr gefunden haben. Wir haben ihn abgesaugt. Aber ihr Vater hat nach wie vor hohes Fieber und ist verwirrt. Wahrscheinlich wird er sie gar nicht erkennen."

Ich reibe mir durchs Gesicht und überlege, wie ich mich postwendend nach Berlin beamen kann. Ich erkläre „Dr. Sowieso", dass ich in Hamburg lebe und so schnell wie möglich in die Hauptstadt fahren werde.

Nach dem Gespräch bin ich komplett leer. Inzwischen ist es später Nachmittag und meine Energie steckt irgendwo in der Telefonleitung zwischen Hamburg und Berlin. Nachdem ich Renatchen und „Herrn Floh" über die schreckliche Lage informiert habe, klingelt mein Handy. Christiane meldet sich, eine Freundin von Helga, der Mutter meines Freundes. Sie redet ein wenig um den heißen Brei, bevor sie auf den Punkt kommt.

„Es tut mir leid, aber Helga liegt im Krankenhaus. Sie hatte einen Schlaganfall."

Ich lasse mich auf die Couch sinken und schüttle den Kopf. Ist das etwa ein schlechter Scherz? Hat der liebe Gott uns auf dem Kieker? Warum passiert das alles und weshalb zeitgleich? Man bekommt ja keine Zeit zum Luftholen.

Christiane erklärt mir, wie sich alles zugetragen hat, denn eigentlich sollte sie ja jetzt mit Helga auf Kreuzfahrt sein. Stattdessen nun das!

Geschockt rufe ich wieder bei „Herrn Floh" in der Firma an und überbringe ihm die Nachricht. Nämlich dass seine Mutter ebenso schwer krank ist und genauso in Lebensgefahr schwebt wie mein Stiefpapi. Wir sind ratlos und wissen nicht, wie wir vorgehen sollen. Seine Mutter wohnt in Oldenburg in Schleswig Holstein. Mein Stiefvater in Berlin. Wir leben in Hamburg und haben nur ein Auto. Wir entscheiden, als Erstes am folgenden Wochenende nach Oldenburg zu fahren aus verschiedenen Gründen der Logik. Danach plane ich, am Montag allein nach Berlin zu reisen.

Wir treffen in Oldenburg ein und steuern das Krankenhaus direkt an. Helga sieht furchtbar aus und ist nicht ansprechbar. Sie hängt an Schläuchen und Geräten. Die Ärzte wissen nicht, wie ihre Chancen stehen. Wir können nur das Beste hoffen. Am nächsten Tag besuchen wir sie erneut. Diesmal öffnet sie einmal die Augen und wir nehmen an, dass sie uns bemerkt. „Herr Floh" redet auf sie ein, versucht, sie wachzuhalten. Doch nach kurzer Zeit fallen ihre Augen wieder zu. Niemand kann sagen, wie es weitergeht.

Wir müssen Geduld haben und abwarten.

Am folgenden Montag brause ich nach Berlin. Ich quäle mich mit meinem Koffer in die dritte Etage. Sonst hat mein Stiefpapi meine Sachen in die Wohnung getragen, weil ich aufgrund meiner mir anhaftenden Krankheit zu kraftlos für körperliche Ertüchtigungen bin, eigentlich sogar zu schlaff zum Leben. Aber das ist eine andere Geschichte. Jetzt bin ich allein. Keine Mama, kein Stiefpapi, niemand, der mich in der Wohnung empfängt. Ich schließe auf und trete ein. Eine furchtbare Einsamkeit überfällt mich und ich habe kurzzeitig das Gefühl, vollkommen allein auf der Welt zu sein. Dabei wohnen hier noch 7,4 Milliarden weitere Menschen. Ich gehe in mein Gästezimmer und schaue auf die Fotos, die meine Mama hier damals aufgestellt hat. Meine Eltern lachen mich von den Bildern aus an und ich schmunzle zurück, obwohl ich voller Traurigkeit bin.

Als ich in der Klinik ankomme, muss ich mir in einem Vorraum der Intensivstation die Hände gründlich waschen und desinfizieren. Danach soll ich warten, bis mich jemand holt. Ich sitze auf einem kalten Metallstuhl und tippe nervös mit dem Fuß auf und ab. Umso mehr Zeit ungenutzt vergeht, desto schneller tippt mein Fuß. Bevor ich ein Loch in den PVC-Boden klopfe, kommt eine junge Krankenschwester vorbei und nimmt mich mit. Sie führt mich in ein Dreibettzimmer, in dem zwei kranke Patienten ohne Bewusstsein liegen. Der dritte ist mein Stiefpapi und ist wach. Gott sei Dank! Ich stürze zu ihm hin, um ihn freudestrahlend zu begrüßen. Enttäuscht stelle ich fest, dass er weiterhin verwirrt ist. Vermutlich erkennt er mich, sicher bin ich mir jedoch nicht. Er redet mit mir, nur die Sprache, die er spricht, ist mir unbekannt. Er selbst scheint sich gut zu verstehen, daher redet er in einem fort. Wahrscheinlich will er mir alles erklären, daher nicke ich brav und gebe ihm die Zeit, die er braucht. Als er aber eine Antwort von mir erwartet, bin ich unschlüssig, was ich sagen soll. Immerhin habe ich ihn in dem Glauben gelassen, ich würde alles begreifen, was er sagt.

„Ich verstehe dich nicht, Papi", sage ich und blicke in ein leicht genervtes Gesicht. Vielleicht versucht er, sich bereits länger jemandem mitzuteilen, bloß niemand spricht seine Sprache. Wer kann schon Kauderwelsch?

Eine Weile bemühe ich mich zu erraten, um was es ihm geht. Irgendwann bemerke ich dann, dass seine Verwirrtheit wieder zunimmt und er nervös wird. Er will aufstehen und mit mir nach Hause gehen. Zu gerne würde ich ihn einfach mitnehmen. Doch er ist noch nicht über den Berg.

Am nächsten Tag komme ich mit Claudia, einer alten Freundin aus Berlin (die Freundin ist nicht alt, sondern die Freundschaft), ins Krankenhaus. Sie hilft mir dabei, den Reisekoffer meines Stiefpapis nach Hause zu tragen, weil ich ja nicht fähig bin, schweres Zeugs zu schleppen. Axel geht es heute etwas besser. Auch wenn er nicht vollkommen klar ist. Gelegentlich verstehe ich eines seiner Worte. Und Claudia erkennt er sofort, obwohl er sie lange nicht mehr gesehen hat.

„Jetzt wird alles gut", denke ich und kann mein Hochgefühl kaum bremsen.

Nach einer Nacht mit viel Schlaf, der tief und traumlos war, fahre ich mit einem Sack voller Optimismus in die Klinik. Leider lässt man mich eine geschlagene Stunde warten. Ich platze innerlich vor Wut und verstehe nicht, warum ich hier immer noch sitze. Irgendwann kommt eine Schwester mich abholen und teilt mir mit, dass „Dr. Sowieso" mich gerne sprechen möchte. Beklommen trotte ich ihr hinterher und befürchte eine Hiobsbotschaft. In einem Büro stellt sie mich ab und weht davon. Ich kann mich nicht setzen, die Anspannung wird wieder übermächtig. Alle zehn Sekunden schaue ich auf die Uhr. Wenn der nicht gleich herkommt, krieg ich 'ne Herzattacke!

„Dr. Sowieso" schneit herein.

„Tut mir leid, heute ist hier die Hölle los!", klärt er mich auf, was meine nicht zu bändigende Nervosität erheblich ansteigen lässt. „Bitte setzen Sie sich doch."

Er weist mir einen Stuhl zu. Ich setze mich und spiele mit meinen Fingern.

„Ich muss Ihnen leider mitteilen, dass wir Ihren Vater reanimieren mussten. Er war zwanzig Minuten klinisch tot."

„Waas?", frage ich und halte meine Hand vor den Mund. „Wie konnte das passieren? Er war doch auf dem Wege der Besserung!"

Ich kann nicht glauben, was ich höre. Es ist, als befinde ich mich im falschen Film. Dann brauche ich ja bloß aufzustehen und ins richtige Kino zu gehen. Moment, wo ist hier der Ausgang? Ich will zu Saal 3.

„So wie es aussieht, leidet ihr Vater an einer chronischen Bronchitis. Kann es sein, dass er gerade einen schweren Infekt durchgemacht hat?"

„Nein", sage ich fassungslos. „Was hat das damit zu tun?"

„Nun ja", eiert „Dr. Sowieso" herum, „aufgrund eines Schleimpfropfens im Hals ist Ihr Vater erstickt. Zum Glück war ein Physiotherapeut bei ihm, um Alarm zu schlagen. Aber es hat mehr als zwanzig Minuten gedauert, bis wir ihn zurückgeholt haben. Bitte machen Sie sich klar: Das Gehirn Ihres Vaters war zu dieser Zeit ohne Sauerstoff."

Erst waren es zwanzig, jetzt schon über zwanzig Minuten. Und dann spricht er auch noch von Glück. Verdammt, mir ist klar, was es bedeutet, wenn ein Gehirn so lange ohne Sauerstoff bleibt! Ich schlage die Hände über dem Kopf zusammen und bringe kein Wort heraus. Doch das muss ich auch nicht, denn „Dr. Sowieso" plappert direkt weiter.

„Sagen Sie, Frau Weber, ich weiß, der Zeitpunkt danach zu fragen, ist ungünstig, aber hat Ihr Vater eine Patientenverfügung? Und wie sieht es mit einer Vollmacht aus? Wir müssen wissen, ob Sie befugt sind, über Ihren Vater zu entscheiden?"

Ich rutsche tiefer in meinem Stuhl. Es wird immer deutlicher, dass mein Stiefpapi durch die Reanimation schwerer angeschlagen ist als zuvor. Das Krankenhaus benötigt einen Ansprechpartner, und das ist nicht der Patient selbst. Der hat sich wahrscheinlich zu einem Zombie verwandelt.

Ohne Worte ziehe ich die nötigen Papiere aus meiner Handtasche, denn ich hatte ohnehin heute vor, sie dem Krankenhaus zu überlassen. Dass sie aber sofort gebraucht werden, hätte ich nie gedacht.

„Kann ich meinen Vater sehen?", frage ich und möchte ihn am liebsten mit nach Hause nehmen, bevor das Krankenhaus noch mehr Schaden bei ihm anrichtet. Falls das überhaupt geht.

„Nein, tut mir leid, Frau Weber, kommen Sie am besten morgen wieder. Heute ist es sehr ungünstig."

Auf dem Weg in die Wohnung meiner Eltern weine ich wie ein Schlosshund. Eigentlich bin ich nicht fähig, das Auto zu steuern, da ich durch meine verheulten Augen kaum etwas sehen kann. Doch das ist mir egal. Ich bin verärgert über alles! Vor allem über das Krankenhaus, aber auch über den Himmel, der das alles zulässt, vielleicht sogar zu verantworten hat. Blöder Himmel! Gemeiner Gott! (Falls es einen gibt.) Ich hasse euch!

Irgendwann komme ich an und stehe vor der Wohnung meiner Eltern. Meine Wut ist nicht zu bezähmen. Innerlich bebend schließe ich die Tür auf und knalle sie einfach zu. Ich öffne die Schuhe und feuere sie unkontrolliert von den Füßen. Meine Jacke werfe ich auf den Boden und renne in mein Gästezimmer, um mich aufs Bett zu schmeißen. Mein Gesicht drücke ich ins Kissen und schreie vor Kummer.

„Warum, verflucht?", rufe ich in die Daunenfedern hinein. „So eine Riesenscheiße! Wer hat sich diesen ganzen Mist bloß ausgedacht?" Ich knete das Kissen zu einem Häufchen Stoff zusammen. „Maamaa … wo bist du nur? Wieso meldest du dich nicht mehr? Jetzt könnte ich dich gut gebrauchen, verdammt! Lass mich nicht allein! Gib mir doch ein Zeichen!!!"

Kaum habe ich meine Worte ausgesprochen, höre ich ein Geräusch. Erst denke ich, es würde aus der Nachbarswohnung stammen, weil ich es nicht gleich orten kann. Bald aber wird mir klar, dass der Ton aus dem Schlafzimmer meiner Eltern kommt. Ich erhebe mich und schleiche ängstlich nach nebenan. Es klingt wie ein Schellen und ich habe es noch nie gehört. Ich durchsuche das gesamte Zimmer, die Schränke, jedes einzelne Regal. Sogar unter der Matratze wühle ich herum. Das Gebimmel hört nicht auf. Endlich suche ich im Koffer meines Stiefpapis, den ich bisher nicht ausgepackt habe, und entdecke den Übeltäter. Ein klitzekleiner Wecker in der Größe einer Murmel, ballert mit seinem winzigen Hämmerchen gnadenlos gegen die Miniglöckchen, die dabei ein ohrenbetäubendes Geklirre von sich geben. Der grelle Glockenschlag zerfetzt mir fast das Trommelfell und ich kann nicht glauben, wie durchdringend laut das kleine Teil ist. Der klingelt heute das erste Mal! So einen Mordslärm kann man gar nicht überhören. Gestern hat er keinen Pieps von sich gegeben und heute hebt er beinahe ab. Mir ist sofort klar, dass Mama zu mir zurückgekehrt ist und dafür gesorgt hat, dass dieses Höllending zur richtigen Zeit klingelt. Sie hat mich gehört und ist für mich da. Danke, Mama! Das hilft mir sehr.

Kapitel 5

Die Nacht habe ich natürlich kein Auge zugetan. Zerschlagen fahre ich ins Krankenhaus und denke darüber nach, was mich erwartet. Im Warteraum der Intensivstation angekommen, erspare ich mir das Händewaschen und Desinfizieren. Hier schaffen sie es auch ganz von allein, die Patienten zu beseitigen. Hätten sie meinen Stiefpapi nicht an den Händen festgebunden, weil er in seiner Verwirrtheit gelegentlich aufstehen wollte, wäre er beim Husten nicht erstickt. Dessen bin ich mir sicher.

Es dauert keine Viertelstunde und eine Schwester bringt mich zu meinem letzten Papi. Ich betrete das Zimmer und sehe ihn von Weitem bewegungslos in seinem Bett liegen. Er hat keine Unruhe mehr, will nicht aufstehen oder sich verständlich machen. Im Gegenteil, er liegt da wie eine Wachsfigur aus Madame Tussauds Horrorkabinett. Ich renne die letzten Meter zu seinem Bett und bin entsetzt, als ich in sein Gesicht sehe. Seine Augen stehen offen, sehen mich aber nicht an. Er starrt an mir vorbei und blinzelt nicht mal.

„Papi", spreche ich ihn an. „Ich bin's, Leni."

Nichts.

„Kannst du mich hören?"

Keine Reaktion.

Er stiert weiterhin ein Loch in die Atmosphäre. Ich nehme seine Hand und streichle sie. Ich weiß nicht, was ich ihm sagen soll, ob er mich überhaupt wahrnimmt. Mir wird bewusst, dass da nur noch eine leere Hülle liegt. Von meinem Stiefpapi ist nichts mehr übrig. Wahrscheinlich schwebt sein Geist nach der Wiederbelebung zwischen den Welten und weiß nicht, wie er in den Körper zurückgelangen soll. Ins Jenseits überwechseln kann er aber genauso wenig, weil er mit Maschinen am Leben gehalten wird. Er ist an eine Beatmungsmaschine angeschlossen. Ohne sie würde er gehen können. So jedoch zwingt man ihn, in diesem Zustand weiterzuexistieren. Meine Tränen kullern wieder. Wie kann ich ihm nur helfen?

Nach meinem Besuch fordere ich, mit „Dr. Sowieso" zu sprechen. Er soll mir erklären, wer da im Bett liegt und wie es mit Axel weitergehen wird. Die Schwester bringt mich in ein leeres Büro, in dem ich warten muss. Nach zehn Minuten stapft „Dr. Sowieso" in den Raum und ist auf dem Sprung. Ich merke, dass er genervt ist, denn seine Zeit ist kostbar.

„Wie kann ich Ihnen helfen, Frau Weber?"

„Zum Beispiel könnten Sie mir verraten, wie die Prognose meines Vaters ist. Da liegt ja bloß noch ein Klumpen Fleisch, den Sie mit Maschinen am Leben halten."

„Nun, Ihr Vater liegt im Wachkoma. Wir wissen nicht, ob er irgendwann aufwachen wird. Erst müssen wir warten und ihm etwas Zeit geben."

„Wie lange?", frage ich und bin niedergeschmettert, das Wort „Wachkoma" vernommen zu haben.

„Schauen wir mal in ein bis zwei Wochen. Dann können wir sicher mehr sagen."

„Gibt es Menschen, die aus dem Wachkoma erwachen?"

„Hm ... na ja, schon. Lassen Sie uns abwarten."

Er möchte sich zu keiner Hypothese hinreißen lassen. Ich habe das Gefühl, er will mich hinhalten. Wahrscheinlich ist es auch so. Trotzdem belasse ich es dabei und gehe.

Die kommenden Tage besuche ich den verbliebenden Rest meines Stiefpapis im Krankenhaus und hoffe, dass er wieder zu sich kommt. Bei seinem Anblick allerdings zweifle ich an eine Rückkehr seiner Seele in den Körper.

Am Freitag fahre ich nach Hamburg zurück. Zuvor habe ich Lori (eine weitere Freundin meiner Eltern, zu der ich nun aufgrund dieser Tragödie einen ebenso netten Kontakt entwickelt habe wie zu Renatchen) darum gebeten, Axel zuweilen in der Klinik zu besuchen. Er soll sich nicht alleine fühlen (falls er noch was fühlt). Außerdem brauche ich jemanden, der mich über Veränderungen informiert. Ich würde ja bleiben, doch auch Helga ist schwer erkrankt und benötigt Hilfe. Also fahren „Herr Floh" und ich am Wochenende erneut nach Oldenburg.

Helga liegt inzwischen in einem anderen Zimmer. Sie ist nun kurze Zeit wach, als wir sie besuchen. Aber es fällt ihr weiterhin schwer, die Augen aufzuhalten. Sie erkennt uns und quält sich ein Lächeln heraus. Doch sprechen kann sie nicht mehr, auch wissen wir nicht, wie viel Schaden ihr Gehirn genommen hat.

Die kommenden Wochen geht es in diesem Turnus weiter. Ich fahre in der Woche nach Berlin und am Wochenende mit „Herrn Floh" nach Oldenburg. Mein Körper wird seitdem mit Adrenalin überschüttet, was sehr nützlich ist, denn dadurch entwickle ich ungeahnte Energien.

Irgendwann wird mein Stiefpapi zu einer Belastung für die Klinik. Bisher hat sich sein Zustand nicht gebessert. Im Gegenteil, neuerdings bekommt er neurologische Probleme und zuckt mit seinem rechten Arm und dem Kopf. Ich habe das Gefühl, dass er Schmerzen hat und es deshalb zu diesen seltsamen Bewegungen kommt.

„Dr. Sowieso" informiert mich, dass sie meinen Stiefpapi in die Reha verlegen möchten. Ich bin überrascht. Wie kann man eine entseelte, leblose Menschenhülle rehabilitieren? Ich nicke und glotze ihn dämlich an.

Er schlägt mir eine Klinik in Brandenburg vor.

„Gibt es denn keine in Berlin?", frage ich erschöpft. Noch mehr fahren. Warum will er ihn nicht gleich in München unterbringen?

„Wir müssen sehen, ob ein Platz frei wird. Ich werde Sie informieren, sobald ich mehr weiß."

Ja, wüsstest du mehr, wäre mein Stiefpapi heute nicht in dieser Lage. Ihr seid alle schuld, dass er jetzt ein Untoter ist! Dann habt ihr mir auch noch Hoffnung gemacht, obwohl euch längst klar war, dass ihr meinen Papi kaputt gemacht habt! Und jetzt wollt ihr ihn abschieben, anstatt ihn zu reparieren!

Auf der Fahrt zurück in die Wohnung verliere ich sämtlichen Mut. Wie konnte ich bloß so einfältig sein zu glauben, mein Papi könnte eine Metamorphose erfahren und erwachen? Ich schlage mir ein paar Mal mit der flachen Hand auf die Stirn. Leni, du dusselige Kuh! Was hast du dir die ganze Zeit eingeredet? Seit wann bist du so leichtgläubig? Die haben Axel verhunzt und dich in dem Glauben gelassen, da wäre was zu machen. Dabei war mir gleich klar gewesen, dass ein Haufen Muskelmasse nicht wieder lebendig werden kann.

Ich schließe die Wohnung auf und trete wie ein Roboter ein. Tasche und Jacke lasse ich einfach fallen, Schuhe vergesse ich auszuziehen. Inzwischen ist es draußen schummerig geworden und ich schalte das Licht im Wohnzimmer an. Obwohl ich nicht weiß, wozu das gut sein soll. Ich setze mich aufs grüne Ledersofa, das ich nicht mag, weil es grün ist, und starre auf die Schrankwand. Eine Zeit lang sitze ich da und denke nach. Was kann ich nur tun? Mein Stiefpapi wollte so nie enden, daher hat er ja die Patientenverfügung geschrieben. Das Krankenhaus hat sie vorliegen, möchte ihn aber in die Reha abschieben. Und was soll da gemacht werden? Binden sie seine Arme und Hände vielleicht an Seile und spielen Kasperletheater mit ihm?

Ich beuge mich vor und weine in meinen Schoß hinein.

„Mama, bist du bei mir? Ich brauche Kraft, um das alles zu überstehen."

Ich wühle durch meine Haare, bis ich mir sicher bin, sie niemals mehr auseinandergewurschtelt zu bekommen.

„Ich weiß nicht weiter, Mama. Mache ich alles richtig?"

Prompt ändert sich die Helligkeit im Wohnzimmer. Erst merke ich es kaum, dann richte ich mich auf und schaue in die Lampe. Eine Glühbirne im Leuchter flackert auf.

Manchmal geht sie ganz aus, um danach wieder aufzuglühen. Ein Zeichen! Ich bin begeistert! Sie ist hier! Meine Mama ist hier! Wenn ich nach ihr rufe, kann sie mich hören! Sie ist im Jenseits – gleich nebenan. Ein Katzensprung trennt uns voneinander.

Ich wünschte, ich könnte sie sehen. Warum sind Seelen nur für das menschliche Auge nicht sichtbar? Jetzt könnte ich es gut gebrauchen, dass sie sich in Materie verwandelt und neben mich setzt. Dass sie ihren Arm um mich legt und mir tröstende Worte ins Ohr flüstert. Vielleicht tut sie das auch, aber ich kann es nicht laut hören. In Gedanken habe ich allerdings öfter das Gefühl, ihre Stimme wahrzunehmen – als würde sie mir gut zureden, mich aufmuntern.

„Danke für deine Unterstützung, Mama! Danke, dass du da bist."

Die Glühbirne zuckt herum als wäre sie in den letzten Zügen. Das ist Mamas Antwort.

Zu gern würde ich wissen, wie sie das macht. Da sie keinen Körper mehr hat, kann sie ja nicht mit Ohren hören, mit ihren Augen sehen oder mit den Händen die Birne zum Aufleuchten bringen. Wie geht das bloß? Was ist das für eine Welt, in der sie jetzt lebt? Muss ich warten, bis ich tot bin, um das zu erfahren?

Im Grunde spielt es auch keine Rolle. Meine Mama ist hier, und nur das zählt! Ich muss nicht unbedingt im Detail über „den Himmel" informiert sein. Es reicht mir die Gewissheit, dass alle Verstorbenen noch leben – nebenan, in einer Parallelwelt. Die Zeichen, die man von drüben erhält, sind eher subtil. Daher übersehen viele Hinterbliebene kleine Nachrichten der Verstorbenen. Nur selten sind die Signale so deutlich, dass Zweifler sogar bereit sind, sich neu zu fokussieren, die Sache mit der Unsterblichkeit in einem anderen Licht zu sehen. Aber es ist auch nicht die Aufgabe der Seelen, uns von einem Leben nach dem Tod zu überzeugen. Wenn sie sich bei uns melden, wollen sie sich in der Regel nur verabschieden. Oder aber sie möchten uns helfen, wenn wir uns in Notlagen befinden. Denn sie lieben uns immer noch und fühlen sich weiterhin mit uns verbunden.

Als ich am nächsten Morgen ins Wohnzimmer gehe, prüfe ich als Erstes den Leuchter und schalte das Licht ein. Ich setze mich hin und beobachte jene Glühbirne, die gestern noch drohte durchzubrennen. Doch als wäre nichts gewesen, funktioniert sie heute wieder einwandfrei. Defekt ist sie also nicht. Aber das wusste ich ja auch ohne diesen Test.

Kapitel 6

Inzwischen wurde auch die Mutter meines Freundes in eine Rehaklinik verlegt. Wir besuchen Helga, so oft es geht. Anfangs haben wir große Hoffnung, dass sich ihr Zustand bessert. Sie ist jetzt öfter wach und trainiert täglich mit einer Logopädin, selbstständig zu essen. Stolz zeigt sie uns, dass sie ihren Arm und ein Bein bewegen kann. Die linke Körperhälfte ist gelähmt. Sprechen kann sie nach wie vor nicht, versucht aber, sich mit einzelnen Wörtern verständlich zu machen. Leider sind es immerzu dieselben Worte, egal über welches Thema sie mit uns sprechen möchte. Somit erfassen wir nur selten, um was es ihr geht. Auch sind wir nicht sicher, wie viel Erinnerungen ihr geblieben sind. Einiges scheint für immer verloren zu sein.

Als sie nach Wochen weiterhin keine

Fortschritte macht, ist klar, dass sie nicht mehr alleine leben kann. Sie ist aufgrund ihrer Lähmungen die meiste Zeit ans Bett gefesselt und auf fremde Hilfe angewiesen.

Also erwägen wir, sie nach Hamburg zu holen, um uns besser um sie kümmern zu können. Ihre Wohnung muss aufgelöst werden und wir fühlen uns überfordert, denn wir rechnen damit, auch bald die Wohnung meiner Eltern aufgeben zu müssen. Da „Herr Floh" keine Vollmachten von seiner Mutter besitzt, sich im Notfall um sie zu kümmern, beschließen wir, alles in die Hände eines Betreuers zu geben. Trotzdem liegt es an uns, für Helga ein paar Möbel und Gebrauchsgegenstände von Oldenburg nach Hamburg zu schaffen, die sie in ihrem neuen Zuhause benötigen könnte.

Wir planen ein ganzes Wochenende ein, an dem wir mehrmals zwischen beiden Städten pendeln wollen. Unser Auto wird vollgestopft mit Helgas Sachen. Nicht jedes Teil kann mit und muss zurück in die Wohnung. Eigentlich war das anders gedacht. „Herr Floh" merkt, dass seine Pläne, bestimmte

Möbelstücke mitzunehmen, nicht aufgehen. Und da wir seit Wochen unter diesem kaum auszuhaltenden Druck stehen, gibt es das erste Mal in unserer Beziehung Knatsch. Für einen kurzen Moment befürchte ich, die Situation nicht mehr im Griff zu haben, und meinem Freund geht es wohl nicht anders. Bevor der Haussegen schiefhängt, geben wir uns etwas Zeit. Danach atmen wir tief durch. War eben noch was? Wollten wir uns gerade streiten? Nein. Das ist bisher nicht vorgekommen und so soll es auch bleiben.

Irgendwie gelingt es uns, alles Nötige rüberzuschaffen und in unserer kleinen Wohnung zwischenzulagern. Die erste Hürde ist geschafft.

Am nächsten Wochenende besichtigen wir verschiedene Pflegeeinrichtungen und entscheiden uns für ein hübsches Haus in Pinneberg. Zwar ist es nicht in unserer direkten Nähe, aber es ist schön. Und nur das ist uns wichtig.

Nachdem alles geklärt ist, fahre ich Montag wieder nach Berlin. Mein Stiefpapi ist nun in eine Rehaklinik verlegt worden. Mit dem Auto brauche ich von der Wohnung meiner Eltern aus gute vierzig Minuten dorthin. Das hält sich in Grenzen. Weil ich so viel Zeit mit Fahren verbringe, sind K.I.T.T. und ich mittlerweile ein Herz und ein Auto geworden. Er kennt meine Gefühlsausbrüche und Heulattacken und hält sie alle geduldig und schweigsam aus. Ich mag ihn.

Die Rehaklinik liegt im Grünen. Man könnte es hier glatt schön finden, gäbe es da nicht dieses Drama mit Axel. An einem unverschämt schönen Sommertag spaziere ich durch die Grünanlage zum Eingang und genieße die angenehme Temperatur. So könnte das Wetter für immer sein.

Als ich jedoch auf der Station ankomme und meinen Stiefpapi in dieser neuen Klinik das erste Mal von Weitem erblicke, bleibt mir die Spucke weg. Ich stürze die letzten Meter regelrecht zum Zimmer, durch das ich durch eine große Scheibe hineinblicken kann. Doch ich werde aufgehalten von einer Schar gewichtiger Ärzte.

„Halt, Sie können hier jetzt nicht rein! Es ist Visite!", hält mich eine Ärztin im herablassenden Ton auf und geht mit ihrer Doktorenmeute zuerst hinein, um danach die Tür vor meiner Nase zuzudrücken. Ich füge mich, obwohl ich der Beißzange gern ihr Klemmbrett in die Visage gedrückt hätte. Ungeduldig warte ich im Flur und schaue provozierend durchs Glas zu. Ich bin bestürzt, wie ungepflegt mein Stiefpapi daliegt. Er muss seit Tagen nicht rasiert worden sein, denn seine Bartstoppeln wachsen schon zu einem Gestrüpp heran. Wer weiß, ob man ihn regelmäßig wäscht und plötzlich zweifle ich daran, dass er hier gut aufgehoben ist. Er liegt bei geöffnetem Fenster aufgedeckt in seinem dünnen Krankenhaushemdchen da und man hat sich nicht mal die Mühe gemacht, ihn unten herum richtig zu bedecken. Wie demütigend dies für ihn sein würde, wenn er es mitbekommen könnte. Nicht mal einer der Ärzte lässt sich dazu herab, das Hemdchen runterzuziehen. Die müssen doch sehen, dass da alles zu sehen ist. Ich bin erschüttert. Was sind das nur für hochnäsige Ignoranten, denen die Würde des Patienten vollkommen gleichgültig zu sein scheint. Endlich, nach einer Ewigkeit, wie ich finde, ist die Peepshow vorbei und die High Society der Quacksalber kommt heraus.

„Kann ich Sie einen Augenblick sprechen?", frage ich die Eule, als sie durch die Tür tritt.

„Tut mir leid, wir haben jetzt Schichtwechsel. Mit der Visite waren wir ohnehin zu spät dran. Fragen Sie ‚Dr. Trallala', ob er Zeit für Sie hat. Allerdings gibt es dafür in der Regel Patientensprechzeiten. Bitte erkundigen Sie sich danach noch einmal."

„Danke für nichts!", sage ich wütend und zeige auf meinen Stiefpapi. „Und das nächste Mal bedecken Sie meinen Vater anständig und lassen ihn nicht halb entblößt daliegen! Für den Fall, dass hier alle so sind wie Sie und die Patienten mit ihren Angehörigen als Nebensächlichkeit betrachten, lasse ich mir das nicht gefallen! Außerdem sieht mein Vater ungepflegt aus. Wann haben Sie ihn das letzte Mal gewaschen?"

„Ich kann dazu nichts sagen. Wenden Sie sich an ‚Dr. Trallala'."

„Klar, nachdem ich mit der Ärztekammer telefoniert habe."

Ich lasse die Giftspritze einfach stehen und gehe ins Zimmer hinein. Jetzt will ich mich um meinen Stiefpapi kümmern und meinen Adrenalinspiegel drosseln. Als Erstes bedecke ich ihn vollständig und ziehe sein Hemdchen herunter. Danach will ich ihn etwas mehr zudecken, denn es zieht im Raum. Aber dann sehe ich, wie stark er schwitzt. Die Suppe läuft ihm die Schläfen herunter. Gott, warum ist ihm bloß so warm? Sicher, heute ist ein schöner Sommertag, aber die Temperaturen sind angenehm und hier im Zimmer ist es kühl. Ich finde ein kleines Handtuch und halte es unter kaltes Wasser. Nachdem ich es ausgewrungen habe, lege ich es ihm auf die Stirn. Das wiederhole ich ein paar Mal und hoffe, ihm etwas Erleichterung zu verschaffen.

Dieses seltsame Zucken, das ich an ihm schon in der anderen Klinik beobachtet habe, ist schlimmer geworden. Hat sich überhaupt irgendetwas verbessert? Nein, nicht im Geringsten. Der Blick meines Papis ist weiterhin leer. Manchmal sieht er mich zwar an, wenn ich versehentlich in seinen Blickradius gerate, aber er weiß nicht, wer ich bin. Falls er überhaupt noch irgendetwas weiß. Meistens hält er seine Augen geschlossen. Wahrscheinlich träumt er davon, seiner Seele hinterherschweben zu können, damit er diesem Unheil entfliehen kann.

„Papi, was haben sie nur mit dir gemacht?", wimmere ich und lasse meinen Tränen freien Lauf. Ich streichle seine Hand und überlege, ob es jemals einen Weg gibt, ihn zurückzuholen. Das nächste Mal werde ich ihm etwas Musik auf die Ohren setzen, nehme ich mir vor. Irgendetwas muss man doch tun können, um ihn in die Gegenwart zurückzuziehen.

Als ich wieder in der Wohnung meiner Eltern bin, schalte ich den Laptop ein und suche im Internet nach Informationen über die Rehaklinik. Ich finde diverse schlechte Kritiken. Es erschreckt mich, was ich erfahre und dass andere Angehörige Ähnliches erlebt haben wie ich. Doch ein paar gute Bewertungen fallen mir ebenso ins Auge und ich sehe, dass es auch anders gehen kann. Nun bin ich verunsichert und schnappe mir das Telefon. Ich rufe die Krankenkasse meines Stiefpapis an und berichte der Sachbearbeiterin, was los ist. Sie verspricht mir, sich mit der Klinik in Verbindung zu setzen und dass ich mir eine andere Rehaklinik für ihn aussuchen dürfe, sollte sich die Lage nicht ändern.

Mit diesem Wissen im Gepäck fahre ich am nächsten Tag erneut zu meinem Stiefpapi und stelle fest, dass er rasiert wurde. Auch liegt er heute anders da. Man hat darauf geachtet, in seitlich zu drapieren, um ein Wundliegen zu vermeiden. Ich nehme dies wohlwollend zur Kenntnis. Am Empfang bitte ich darum, einen Arzt sprechen zu dürfen und registriere, wie freundlich man heute ist. Gern sichert man mir zu, sich sofort darum zu kümmern. Zurück im Zimmer meines Papis, ziehe ich mir einen Stuhl ans

Bett und stülpe Axel Kopfhörer über die Ohren. Ich lasse sanfte Musik erklingen und beobachte ihn interessiert. Falls sein Gesichtsausdruck sich ändert, wäre dies womöglich ein Hinweis darauf, dass er etwas wahrnimmt. Seine Mimik verändert sich jedoch nicht. Alles wie gehabt, als würde es das Gedudel an seinen Ohren nicht geben.

Nach einer halben Stunde kommt ein schlanker, streng dreinblickender Mann im weißen Kittel in den Raum. Sein Dreitagebart ist so lang, dass er eher als Wochenbart durchgeht und sein Mienenspiel derart ernst, als müsste er gleich in den Krieg ziehen. Er reicht mir die Hand und stellt sich vor. Nicht mal dabei presst er sich ein Lächeln hervor.

„Tut mir leid, dass Sie gestern niemanden mehr sprechen konnten. Aber es war eine Menge los", entschuldigt sich „Dr. Bierernst". „Die Krankenkasse Ihres Vaters rief hier an. Sind Sie nicht zufrieden mit uns?"

Ich erzähle ihm meinen Ärger. Er nickt und scheint zu verstehen.

„Wir waren die letzten Tage unterbesetzt,

daher lief einiges vielleicht nicht so reibungslos wie sonst. Doch nun sollte alles wieder klappen."

„Das hoffe ich wirklich", erwidere ich und belasse es dabei. „Wie geht es nun mit meinem Vater weiter? Wie schätzen Sie seinen Zustand ein?"

„Ich möchte Ihnen keine großen Hoffnungen machen, Frau Weber. Das Gehirn Ihres Vaters ist schwer geschädigt. Stellen Sie sich darauf ein, dass er lebenslang ein Pflegefall sein wird."

„Das wird nicht geschehen", gebe ich „Dr. Bierernst" zur Antwort. „Mein Vater hat eine Patientenverfügung. Für den Fall, Sie sehen keine Hoffnung, sollte man ihn in Würde gehen lassen."

„Natürlich. So weit sind wir allerdings noch nicht. Lassen wir uns abwarten und etwas Zeit vergehen."

Ich nicke nur und bin froh, als „Dr. Bierernst" geht. Seine Negativität hat den gesamten Raum ausgefüllt. Hoffentlich ist davon nichts auf meinen Stiefpapi übergesprungen. Er soll schließlich nicht genauso hoffnungslos sein wie ich in diesem Augenblick.

Heimgekehrt in die Wohnung meiner Eltern, setze ich mich zum Essen an den Wohnzimmertisch und schütte das Plastiktütchen aus mit Axels persönlichen Dingen, das mir die erste Klinik übergeben hatte. Bis jetzt bin ich da nicht beigegangen, denn die Sachen gehören meinem Stiefpapi. Ich hatte Hemmungen, sie mir anzusehen. Ich finde sein Portemonnaie und seine goldene Halskette, an der die halbe Münze hängt, dessen andere Hälfte meine Mutter um den Hals trug. Sein Ehering und seine Armbanduhr fallen mir in die Finger. Auch den Kugelschreiber, den ich ihm vor fast dreißig Jahren schenkte, hatte er mit auf Reisen genommen. Die Gravur darauf ist kaum noch zu erkennen. Ich bin gerührt, dass er ihn nach so langer Zeit weiterhin benutzt. Aber meine Aufmerksamkeit erhält ein kleines blaues Samtsäckchen. Ich schnappe danach und linse hinein. Eine Kette mit Bernsteinanhänger sticht mir ins Auge. Er hat sie im Urlaub gekauft und wollte sie jemandem mitbringen. Ich überlege, ob sie vielleicht für mich gedacht war und bekomme wässrige Augen. Jetzt kann er mir nicht mehr mitteilen, für wen sie gedacht war. Vermutlich wollte er auch Lori oder Renatchen beschenken. Ich nehme mir vor, es herauszufinden. Eines Tages werde ich darauf eine Antwort erhalten.

Nachdenklich gehe ich kurz darauf in den Flur und lenke meinen Blick auf den hohen Sekretär. Zum ersten Mal bemerke ich dort einen gelben Briefumschlag stehen. Wie kann es sein, dass der mir die ganze Zeit nicht aufgefallen ist? Seit Wochen habe ich daran vorbeigesehen, ihn nicht bemerkt, obwohl er leuchtet wie ein Glühwürmchen. Ich schnappe danach und sehe, dass auf dem Couvert etwas steht:

Für den Notfall.

Fassungslos ziehe ich einen kleinen roten Zettel heraus sowie ein DIN A4 Blatt. Zuerst lese ich den Notizzettel und sehe meinen Namen und meine eigenen Telefonnummern darauf stehen. Da Renatchen einen Schlüssel für die Wohnung hat und mit der Aufgabe betraut war, sich während Axels Abwesenheit um die Pflanzen zu kümmern, war diese Nachricht für sie bestimmt.

Ich lege sie beiseite und falte das große Blatt auseinander. Erschrocken lasse ich es fallen und sehe dabei zu, wie es auf den Teppich segelt. Einige Atemzüge starre ich das Papier an, als wäre es ein Relikt von einem anderen Stern. Mein Stiefpapi muss geahnt haben, was ihn erwartet. Er hat das Testament in den Umschlag gesteckt! Ich bin beunruhigt. Kann man sein Schicksal vorher schon spüren? Ich sinke an Ort und Stelle zu Boden.

„Oh Gott, das ist ja furchtbar!", sage ich zu mir selbst und ergebe mich dem Drang, augenblicklich zu weinen. Wie kann es sein, dass er vor seinem Urlaub an so etwas denkt? Das ist doch gruselig! Ein Drehbuchautor hätte solch eine Szene nicht besser schreiben können.

Ich gebe mir etwas Zeit, mich von dem Schock zu erholen, und werfe mich auf die Couch. Von dort aus starre ich breite Hohlräume in die Luft. Diese Sache ist wirklich unheimlich!

Am Nachmittag treffe ich mich mit Renatchen und Lori, um in Axels Stammlokal zu gehen. Dort lenke ich mich ein wenig ab und amüsiere mich mit den zwei herzlichen Damen, die meinen Stiefpapi genauso vermissen wie ich.

Abends falle ich todmüde ins Bett und habe wieder das Gefühl, dass meine Mama bei mir ist. Ich fühle ihre Anwesenheit so deutlich, als würde sie im Zimmer stehen. Vor meinem geistigen Auge sehe ich sie lächeln. Sie redet mit mir und sagt mir, dass alles gut werden würde, die Dinge so laufen, wie sie laufen sollen. Ich versuche, das zu glauben. Obwohl es mir schwerfällt. Immerhin läuft es gerade nicht so gut. Ich weiß nicht, ob das die Worte meiner Mutter sind, die mir durch den Kopf schießen, doch wenn ich bedenke, wie viele Merkwürdigkeiten sich ereignen, ist nicht ausgeschlossen, dass meine Mama mir in Gedanken Botschaften schickt. Ich bin so froh, dass ich nicht alleine bin und Unterstützung aus dem Jenseits erhalte. Ich wünschte, ich könnte sie herholen und mit ihr über all das reden. Ein Gespräch von Mutter zu Tochter führen, so ganz substanziell. Mir fehlt ihr Lachen, ihr Blick, ihre Fröhlichkeit. Ach, eigentlich alles! Trotzdem bin ich dankbar, denn sie ist bei mir, das ist so sicher wie das Amen in der Kirche. Und sie wird immer da sein, wenn ich sie brauche. Diese Gewissheit ist ein wertvolles Geschenk.

Kapitel 7

Zurück in Hamburg, erwarten wir die Überführung von Helga. Heute soll sie von der Rehaklinik in die Pflegeeinrichtung nach Pinneberg gebracht werden. Natürlich fahren wir hin, um ihr die Sache so leicht wie möglich zu machen. Wir können uns vorstellen, wie schwer es für sie sein wird, sich umzustellen und zu erkennen, dass es kein Zurück mehr gibt. Zwar haben wir sie mehrmals schonend darauf vorbereitet, nur waren wir uns unsicher, ob sie uns versteht.

Als wir ihr Zimmer betreten, liegt sie wie ein Häufchen Elend in ihrem Bett und weint bitterlich. Oh je, damit haben wir nicht gerechnet. Man teilt uns mit, dass dies seit ihrer Ankunft ununterbrochen so gehe. Wir sollen uns aber keine Sorgen machen, dies würde man hier kennen. Viele Heimbewohner hätten anfänglich Schwierigkeiten, die Situation zu akzeptieren.

Ich ziehe mir einen Stuhl an ihr Bett und streichle ihre Hand. Dabei versuche ich, beschwichtigend auf sie einzureden und ihr noch einmal alles zu erklären. Aber umso mehr ich rede, desto lauter weint sie und will meine Worte nicht hören. Wütend entzieht sie mir ihre Hand. Ich blicke zu „Herrn Floh", der ebenso überfordert ist wie ich.

Eine Pflegekraft kommt zur Tür herein und macht uns Mut.

„Machen Sie sich keine Gedanken", sagt sie und lächelt warmherzig. „In ein paar Tagen hat sie sich an alles gewöhnt. Ihre Ablehnung geht nicht gegen Sie. Das ist eine völlig normale Reaktion.

Wir sind dankbar für ihre Worte. Die letzten Wochen haben uns viel Kraft gekostet und es wäre schlimm für uns, wenn wir feststellen müssten, die falsche Entscheidung für Helga getroffen zu haben.

Und tatsächlich, nach ein paar Tagen beruhigt sie sich und lächelt uns sogar an, als wir sie besuchen. Das ist Balsam für unsere Seele und gibt uns die Energie, mit unseren Eltern alles durchzustehen.

Zwei Wochen später teilt mir „Dr. Bierernst" mit, dass sie meinen Stiefpapi in ein Krankenhaus verlegen möchten. Sie haben nach weiteren Untersuchungen etwas in seinem Kopf festgestellt. Das müsse man genauer unter die Lupe nehmen, was eine herkömmliche Rehaklinik nicht leisten könne. Ich stimme zu und mache mich auf den Weg. Wieder muss ich durch eine Schleuse, in der man mich bittet, so lange zu warten, bis mich jemand abholt.

Die Stationsärztin der Intensivstation persönlich nimmt mich mit und will mit mir über den Zustand meines Papis sprechen. Wir gehen in einen Pausenraum der Ärzteschaft und setzen uns. Ich fackle nicht lange und überreiche ihr sämtliche Papiere sowie die Patientenverfügung und meine Vollmacht. Die blutjunge Ärztin nimmt alles entgegen und macht mir klar, dass der Chefarzt jeden Moment dazustoßen wird.

„Wir müssen mit Ihnen über die Patientenverfügung sprechen", teilt mir Frau „Dr. Blutjung" mit.

„Ich verstehe", erwidere ich, als im selben Augenblick der Chefarzt zur Tür hereindüst.

„Ach, Sie sind schon hier, Frau Weber!", stellt er richtig fest. Er reicht mir seine fleischige Pranke. Wir schütteln uns die Hände und meine Finger versinken in seiner monströsen Hand. „Wie ich sehe, haben Sie die Patientenverfügung Ihres Vaters dabei."

„Ja, und ich möchte darauf hinweisen, dass er ein Leben in diesem Zustand nicht wünscht", sage ich. „Solange noch Hoffnung besteht, sollte man alles versuchen. Doch die Patientenverfügung darf nicht ignoriert werden."

„Genau deshalb sitzen wir jetzt zusammen", macht „Dr. Fleischhand" klar. „Können Sie denn bestätigen, dass er so nicht leben möchte? Hat Ihr Vater in der Vergangenheit erwähnt, in welchem Zustand eine Pflegebedürftigkeit akzeptabel wäre?"

„Ja, das hat er nicht nur einmal. Eine Pflegebedürftigkeit wäre für ihn bereits mit gesundem Geisteszustand nicht akzeptabel."

„Hat er dies in Ihrem Beisein kundgetan?"

Ich frage mich, was „Dr. Fleischhand" mit dieser Fragerei bezweckt. Wir sitzen hier nicht vor Gericht und meine Aussage hat keinen rechtlichen Wert. Es gibt eine schriftliche Erklärung meines Stiefpapis. Da steht alles drin.

„Ja, mehrmals."

„Gut", sagt „Dr. Fleischhand" und macht sich ein paar Notizen. „Wir möchten Ihrem Vater helfen, aber wir müssen realistisch sein. Vermutlich wird er so bleiben. Allerdings haben wir Wasser in seinem Kopf entdeckt. Es ist nicht ausgeschlossen, dass der Druck aufs Gehirn einen Teil seines Zustandes erklärt. Wir werden eine Punktion veranlassen und schauen, ob sich was verändert. Danach sehen wir weiter."

Ich stimme dieser Untersuchung zu und suche meinen Stiefpapi danach in seinem Zimmer auf. Seine Zuckungen haben weiter zugenommen. Manchmal richtet er beinahe seinen Oberkörper dabei auf. Er schwitzt wieder stark, sodass sein Kopf feucht wie eine Wassermelone ist. Mit einem kleinen Handtuch, das ich vorher nass gemacht habe, wische ich ihm den Schweiß aus dem Gesicht.

„Ach, Papi, ich wünschte, ich wüsste, ob du da noch drinsteckst."

Die nächsten zwei Wochen vergehen mit Bangen und Hoffen. Aber die Punktion hat keine weiteren Erkenntnisse gebracht. Axel liegt weiterhin wie ein Schreckgespenst im Bett und ist nicht ansprechbar. Sein Geist scheint für immer erloschen.

Als ich an einem Vormittag zusammen mit Lori an seinem Bett stehe, kommt ein Arzt vorbei und drückt mir ein paar Blätter in die Hand. So nebenbei erwähnt er, dass irgendeine Untersuchung veranlasst werden soll, deren Sinn sich mir nicht erschließt.

„Bitte unterschreiben Sie die Formulare", sagt er zu mir und fragt mich gar nicht, was ich davon halte.

Er erklärt mir, weshalb das alles furchtbar wichtig wäre und setzt mich unter Druck, möglichst bald meinen Friedrich Wilhelm aufs Papier zu kritzeln. Ich berate mich mit Lori, die ebenso wie ich nichts von dieser Sache hält. Daher weigere ich mich, der Untersuchung zuzustimmen, da ich die Wichtigkeit darin nicht erkenne.

Widerwillig akzeptiert der Arzt meine Entscheidung und teilt mir mit, dass dies der Stationsleitung sicher nicht gefallen wird. Trotzdem bleibe ich bei meiner Entscheidung, auch wenn mich sein Gelaber etwas verunsichert hat. Hier geht es ja nicht um ein Stückchen Torte, das ich ablehne aufgrund von Figurproblemen, sondern um einen Menschen, meinen Stiefpapi, der nicht mehr für sich allein sprechen kann. Zum Glück ist Lori bei mir, die mir gut zuredet und mich bestärkt.

Am Abend – ich liege wach im Bett – weine ich mal wieder vor mich hin. Ich führe Selbstgespräche und frage mich laut, was ich machen soll. Die gesamte Situation fordert viel von mir ab und ich habe Angst, allein mit der Entscheidung dastehen zu müssen, die Geräte abzustellen. Mir wird zunehmend bewusst, dass für Axel keine Besserung zu erwarten ist, aber die Ärzte planen mit ihm eine Untersuchung nach der anderen, um kräftig abzusahnen. Ich möchte nicht, dass alles so weitergeht, doch erst recht nicht will ich den Schiedsspruch über sein Leben treffen. Ich weiß, dass ich mich immer daran erinnern, mir womöglich ewig Vorwürfe machen würde, ein Menschenleben beendet zu haben. Andererseits kann ich auch nicht zulassen, dass die Ärzte sich an ihm vergehen und weiterhin unnötige Untersuchungen veranlassen.

Das Gefühl, allein zu sein und die Last der ganzen Welt auf meinen Schultern zu tragen, rufe ich verzweifelt mehrfach nach meiner Mutter. Dabei jaule ich wie eine Hyäne in die Stille hinein.

„Was soll ich nur machen, Mama?", frage ich den dunklen Raum. Ich schluchze wie ein Neugeborenes und wiederhole meine Frage ein paar Mal. Erst denke ich, meine Mutter wäre nicht da. Einige weitere Minuten vergehen und nichts passiert. Aber dann kann meine Mama die jämmerliche Heulerei wohl nicht mehr hören. Der kleine Fernseher im Zimmer springt krachend an. Ich erschrecke mich und ziehe mir die Decke über'n Kopf. So geknallt haben die anderen Geräte beim Anspringen nicht.

„Mama?", hake ich nach, obwohl ich genau weiß, dass sie hier ist, um mir beizustehen. Die Fernbedienung liegt neben mir auf dem Tischlein und ich greife danach, um den Apparat auszuschalten. Dann lege ich die Fernschaltung zurück und lächle erfreut. „Mensch, Mama, das mit den Fernsehern kannst du wirklich gut. Da biste richtig talentiert."

Nachdem ich mein Lob ausgesprochen habe, springt der Fernseher kurzerhand ein zweites Mal an. Ich lache. Mama will mir zeigen, wie gut sie ihr Talent beherrscht. Ich bin stolz auf sie und ihr sehr dankbar, dass sie mich in dieser schweren Zeit nicht allein lässt.

Am nächsten Morgen fahre ich unausgeschlafen in die Klinik. Ich bin komplett neben der Spur und verfahre mich, obwohl ich den Weg inzwischen gut kenne. Gestern habe ich mir vorgenommen, heute ein ernstes Wörtchen mit den Ärzten zu sprechen. Auch wenn ich Angst davor habe, die Last der Entscheidung auf mich zu nehmen, so kann ich es nicht zulassen, dass mein Papi weiterleidet.

Kaum sitze ich in der Schleuse der Intensivstation, stürzt „Dr. Fleischhand" auf mich zu mit Frau „Dr. Blutjung" im Schlepptau.

„Schön, dass Sie heute so früh hier sind, Frau Weber. Wir müssen dringend reden."

Ich folge den beiden in den Besprechungsraum. Wir setzen uns und ich will meine Gedanken direkt kundtun. Allerdings kommt mir „Dr. Fleischhand" zuvor.

„Frau Weber, Sie werden sicher bemerkt haben, dass der Zustand Ihres Vaters unverändert ist. Sonst hätten Sie gestern die Untersuchung nicht abgelehnt."

Ich erwäge, etwas darauf zu sagen, meinen gestrigen Beschluss zu rechtfertigen, aber „Dr. Fleischhand" hebt seine Fleischhand und hält mich auf.

„Wir verstehen Ihre Ablehnung", sagt er erstaunlicherweise. „Die Notwendigkeit dieser Untersuchung war nicht unbedingt gegeben. Nun haben wir uns alle beraten und sind zu dem Entschluss gekommen, dass wir Ihren Vater gehen lassen sollten, wenn Sie damit einverstanden sind. Bitte machen Sie sich bewusst, dass dies nicht *Ihre* Entscheidung, sondern die der Ärzteschaft ist", fügt er an, als würde er meine Ängste kennen. Hat er gestern Abend noch mit meiner Mutter gesprochen? Hat sie ihn womöglich beeinflusst, damit er diesen erleichternden Satz zu mir sagt? „Aber wir wollen Ihre Meinung dazu gerne wissen."

„Mein Vater möchte so nicht leben. Deshalb hat er die Patientenverfügung ja geschrieben", entgegne ich und erspare mir, mich deutlicher auszudrücken. Ich möchte niemals das Gefühl haben, sein Henker gewesen zu sein.

„Das reicht uns schon", bestätigt „Dr. Fleischhand" meine Aussage.

Er erklärt mir den Ablauf. Sie werden die

Beatmungsmaschine abschalten und ihm den Übergang mit Medikamenten leichter machen.

„Sie brauchen keine Bedenken zu haben, Ihr Vater wird friedlich einschlafen."

Die folgende Nacht wird zur Qual. Ich wälze mich hin und her und schlafe kaum. Als es endlich Morgen ist, stehe ich auf und rase in die Klinik. Ich möchte bei ihm sein, wenn er mich für immer verlässt.

Man hat mir einen großen Liegestuhl neben Axels Bett gestellt, damit ich gut sitzen kann. Aufgrund meiner Krankheit schaffe ich es nicht, lange auf einem einfachen Stuhl zu verharren. Somit liege ich quasi neben ihm, streichle seinen Arm und beobachte seine Atmung. Solange der Brustkorb langsam auf und ab schwingt, bin ich beruhigt, denn ich habe Angst vor seinem Ende. Ich sehe, wie sich sein Hemdchen am Hals im Takt seines Herzens bewegt. Alles ist friedlich und ich kann mir gar nicht vorstellen, dass dieses starke Herz aufhören könnte zu schlagen. Zwischendurch gibt es unruhige

Momente und es hört sich so an, als müsste er ersticken. Wenn ich eines für ihn nicht will, dann ist es ein qualvolles Ende. Ich renne zu einer Ärztin und mache ihr klar, dass mein Vater leidet. Als sie jedoch sein Geröchel hört, erklärt sie mir, dass dies normal sei und ich mir keine Sorgen machen solle. Kurz darauf hört das angestrengte Krächzen wieder auf und es wird ruhig. Seine Atmung ist normal, als wäre nichts gewesen.

Meine Tante wird mir heute beistehen und stößt gegen Mittag dazu. Ich wollte nicht allein sein, sein Sterben nicht ohne Beistand durchstehen. Als sie ins Zimmer kommt, bin ich froh. Sie schaut mitleidig auf meinen Stiefpapi und dann auf mich. Gute eineinhalb Stunden sitzen wir zusammen da und beobachten ihn, als meine Tante vorschlägt, in der Kantine was zu essen. Da ich heute noch nichts gegessen habe, scheint es mir eine gute Idee zu sein. Allerdings fürchte ich mich davor, Axel allein zu lassen, dass er ausgerechnet in dieser Zeit geht. Aber ich willige ein und wir machen uns auf den

Weg.

Das Essen klebt mir in der Speiseröhre und will nicht richtig rutschen. Meine Kehle ist so trocken und der Appetit stellt sich nicht ein. Ich denke die ganze Zeit nur daran zurückzugehen, um bei meinem Papi zu sein. Daher bin ich erleichtert, als wir aufbrechen.

Zurück im Zimmer, ist alles unverändert. Ich bin beruhigt. Doch es dauert keine halbe Stunde und seine Atmung wird hektisch. Wieder röchelt er laut und japst nach Luft.

„Wir müssen einen Arzt holen", sage ich zu meiner Tante.

„Das brauchen wir nicht. Es geht jetzt zu Ende."

„Nein, das glaube ich nicht. Vorhin ist das auch passiert", erkläre ich und schiebe den Gedanken von mir weg, dass dies seine letzten Minuten sein könnten.

„Sieh doch, sein Puls wird langsamer", sagt sie und zeigt auf das Messgerät über seinem Kopf.

Ein Arzt kommt herein und nickt mir zu.

„Jetzt ist es gleich so weit", bestätigt er die Aussage meiner Tante und sorgt mit seinen Worten für Panik in mir.

Oh Gott, er stirbt jetzt, mache ich mir in Gedanken klar und mein Herz pumpt das Blut in Lichtgeschwindigkeit durch meinen Körper. Ich zittere vor Aufregung und streichle seinen Arm.

„Papi, ich bin da! Du bist nicht allein!", denke ich, in der Hoffnung, sein Geist könnte mich schon hören.

Ein letztes aufbäumendes Gurgeln und mein Stiefpapi liegt still da. Die Geräte hat der Arzt zuvor ausgestellt, sodass sie seinen Tod nicht anzeigen. Aber ich sehe, dass sich sein Nachthemdchen am Hals nicht mehr bewegt. Ich vermute, seine Seele schwebt nun über seinem Körper, darum richte ich mich noch mal an ihn.

„Jetzt geht es dir gut, Papi. Du hast alles überstanden. Hab eine gute Reise."

Wie bei meiner Mama im letzten Jahr organisieren wir die Beerdigung am gleichen Tag im selben Beerdigungsinstitut. Es tut gut, denn es lenkt meine Tante und mich ab. Danach fahren wir in Axels Stammlokal, um seine Freunde zu treffen. Wir überbringen die Nachricht und sorgen für Beklommenheit. Allen wird klar, wie schnell das Leben vorbei sein kann. Mir am meisten. Denn nun habe ich drei Elternteile verloren – an drei aufeinanderfolgenden Jahren.

Am übernächsten Morgen starre ich traurig auf den kleinen Wecker, den meine Mutter für mich klingeln ließ. Ich habe ihn neben mein Bett gestellt, um ihn täglich im Visier zu haben. Vor ein paar Tagen ist ihm der Saft ausgegangen. Wahrscheinlich muss die Knopfbatterie ausgetauscht werden. Zum ersten Mal schaue ich bewusst auf den Stand der Zeiger und schrecke erschaudert hoch. Das Ding ist um 14.42 Uhr stehen geblieben! Zur gleichen Uhrzeit starb mein Stiefpapi! Ich erblasse und frage mich, ob man drüben schon vorher gewusst hat, wann Axel sterben wird. Ich stopfe meinen Kopf ins Kissen und erspare mir, kurzfristig zu atmen. Das Zeichen hatte ich nicht gesehen. Offenbar sollte ich vorher wissen, wann mein Stiefpapi geht, damit ich sein Ableben in der Klinik nicht verpasse. Zum Glück ist alles gut gegangen und meine Tante und ich sind rechtzeitig aus der Kantine zurückgekehrt. Ich war bei ihm, als es passierte, und darüber bin ich sehr glücklich.

Kapitel 8

Nun muss die Wohnung in Berlin aufgelöst werden. Die Kündigung habe ich bei der Wohnungsgesellschaft abgegeben, aber ich schaffe es nicht, auch nur einen Finger zu rühren.

Ich weiß, dass ich an die Schränke gehen muss, um wichtige Unterlagen durchzusehen. Doch ich bin wie gelähmt. Nicht einen Krümel habe ich verändert, denn hier gehört alles meinen Eltern. Sie haben es so eingerichtet. Wie könnte ich mir anmaßen, an ihre Sachen zu gehen? Die kleinen Glasfiguren in der Vitrine hat mein Stiefpapi nach dem letzten Staubwischen so hübsch dekoriert. Ich kann die Anordnung nicht ändern, ja, gar zerstören.

„Herr Floh" rät mir, die Dinge ruhig eine Weile unangetastet zu lassen.

„Wir haben noch Zeit", tröstet er mich.

„Die Wohnung muss erst in drei Monaten übergeben werden."

Seine Worte beruhigen mich, denn ich kann nichts anfassen und brauche ein paar Wochen, bis ich mich dazu durchringen kann.

Einen Tag vor der Beerdigung hole ich „Herrn Floh" vom Berliner Hauptbahnhof ab. Ich bin glücklich, als er bei mir ist. Sonst gab es keinen einzigen Tag, an dem wir räumlich getrennt waren, seitdem wir zusammen wohnen. Und nun müssen wir viel zu oft ohne den anderen auskommen.

In der Nacht hören wir es rumsen. Der Krach kommt aus der Küche. Wir werden beide davon wach, aber keiner möchte aufstehen, um nachzusehen. Weil sich das Geräusch nicht wiederholt, schlafen wir wieder ein.

Neugierig tapsen wir am folgenden Morgen in die Küche und sehen den Kalender auf dem Boden liegen. Seit zwei Monaten wohne ich in dieser Wohnung, abgesehen von den Wochenenden, an denen ich nach

Hamburg fahre. Doch dieser Kalender hing fest wie einzementiert an der Wand. Wie geht das? Wie kann er einfach abfallen?

„Das war bestimmt Axel", sagt „Herr Floh" und bringt mich zum Lächeln. Ich bin mir nicht sicher, ob es wirklich so ist. Jedoch gefällt mir der Gedanke, er könnte sich ebenso gemeldet haben. Das gibt mir Kraft.

Die Trauerfeier in der Kapelle läuft genauso ab wie bei meiner Mama. Ich habe es bewusst so organisiert. Mein Papi hat die gleiche Urne in Blau bekommen – die mit der hübschen Rose auf dem Bauch. Alles identisch, sogar der Redner. Trotzdem habe ich ein seltsames Gefühl, als würde etwas fehlen. Oder jemand?

Wieder gehen wir dem Urnenträger hinterher, nur diesmal lässt er eine blaue Urne in ein viel zu kleines Loch gleiten. Die Grabstelle konnte ich mir nicht aussuchen. Gern hätte ich meinen Stiefpapi in der Nähe meiner Mama gewusst. Aber bei einer halbanonymen Beerdigung kann man den Platz nicht wählen.

Nach der Zeremonie trifft sich die Trauergesellschaft in Axels Stammlokal. Ich habe dort einen Tisch reserviert und einen Haufen Kuchen bestellt. Hier wird es meinem Stiefpapi bestimmt gut gefallen, denke ich und bin zufrieden mit meiner Entscheidung.

Kapitel 9

Langsam habe ich damit begonnen, Sachen aus den Schränken zu nehmen, um sie durchzusehen. Alte Fotos, wichtige Unterlagen und kleine Andenken. Ich schaue mir alles wie durch eine Nebelwand an, vor allem die Fotos. Der Schmerz, alle verloren zu haben, überwältigt mich und der Gedanke, die Wohnung bald nicht mehr zu haben, zerfrisst mich. Jahrelang war dies hier mein zweites Zuhause. Fuhr ich nach Berlin, wurde ich liebevoll empfangen. Stets gab es ein warmes Essen für mich und vier Ohren, die sich meine Sorgen anhörten. Ich habe mich bei meinen Eltern geborgen gefühlt und gewusst, dass hier jemand für mich ist, der mir in Notfällen zur Seite steht.

Jetzt muss ich alleine stark sein, mein Leben ohne elterlichen Beistand meistern. Zum Glück habe ich „Herrn Floh", das Beste in meinem Leben.

Mit ihm zusammen schaffe ich es, sämtlichen Kram aus den Schränken wegzuschaffen. Wobei ich mich aufgrund meiner Erkrankung verstärkt auf die Kopfarbeit konzentriere, während „Herr Floh" die körperlichen Mühen auf sich nimmt. Einen Teil schenke ich Renatchen und Lori, andere Sachen verkaufe ich bei Ebay. Nach einer Woche haben wir es geschafft, fast alles zu entrümpeln. Lediglich die Möbel bleiben über. Die habe ich vor, für einen gemeinnützigen Zweck zu spenden. „Herr Floh" muss wieder abreisen und ich rufe einen Tag später bei verschiedenen Organisationen an, um die guten Möbel meiner Eltern anzubieten. Man verlangt Fotos von mir, sonst wolle man sich die Mühe nicht machen vorbeizukommen. Ich bin verdutzt. Offenbar sind die Herrschaften wählerisch. Also tue ich, was man von mir verlangt und bin baff, als mir alle absagen, sogar die, wie ich dachte, seriösen Vereinigungen. Lediglich eine Spendenbude willigt ein vorbeizukommen. Als der Typ die Wohnung betritt, geht er an mir vorbei, ohne mir die Hand zu reichen. Klar, ich bin ja auch nicht wichtig! Bloß die Möbel. Ich fühle mich ignoriert. Er geht wie ein Imperator durch die Räume und inspiziert jedes Möbelstück. Danach wendet er sich mir zu. Wow, er hat mich bemerkt!

„Hm, die Möbel sind nicht gut genug. Die können wir Ihnen lediglich abnehmen, wenn Sie den Transport bezahlen und die Arbeitsstunden für den Abbau."

„Wie bitte?", frage ich und verstumme sogleich wieder. Diese Dreistigkeit muss ich erst mal verdauen.

„Schauen Sie mal, der Schrank hier fällt doch zusammen, sobald wir ihn abbauen. Und die grünen Ledermöbel im Wohnzimmer sind nicht modern. Der Glastisch und die Stühle ebenfalls nicht."

Der spinnt doch!

„Das meinen Sie nicht ernst?", erwidere ich genervt. „Der Schrank, auf den Sie zeigen, ist supermassiv und stabil. Der wird noch die nächsten einhundert Jahre halten. Und seit wann achten bedürftige Menschen auf den modischen Schick? Die Möbel sind von sehr guter Qualität, und darauf kommt es an!"

„Na schön, wir müssen Ihre Möbel auch nicht nehmen", sagt er plötzlich, als er merkt, dass ihm die Felle davonschwimmen. „Wir haben genügend Spenden."

„Bitte, da ist die Tür!", sage ich gereizt und weise ihm den Weg.

Er nickt und geht stumm zum Ausgang. So viel Unverfrorenheit hat in dieser Wohnung nichts zu suchen.

Nach kurzer Überlegung biete ich sämtliche Möbel im Internet zum Verkauf an. Kaum habe ich die Anzeigen geschaltet, läutet mein Handy ununterbrochen. Ich verkaufe ein Teil nach dem anderen und kann mich vor Interessenten nicht retten. Keine drei Tage vergehen und ich habe alle Möbel zu Geld gemacht. Ich freue mich, denn jetzt habe ich sogar daran verdient. Und gelernt habe ich daraus auch. Möbel zur Spende werde ich nicht mehr anbieten. Die Kaltschnäuzigkeit der meisten Organisationen sollte man nicht unterstützen. Ungeniert erwarten sie, beinahe neues Mobiliar zu erhalten. Alles andere wird rigoros abgelehnt.

Die Möbel meiner Eltern waren gut. Sie haben immer auf Qualität geachtet. Aber die vornehmen Spendenbuden nehmen nur die Crème de la Crème.

Eine Woche später ruft mich meine Schwester das erste Mal an. Alle anderen Telefonate sind ja von mir ausgegangen. Ich wundere mich erst, als mir einfällt, dass ich ihr vor gut zwei Monaten eine SMS geschickt habe. Darin informierte ich sie, dass unser Stiefvater schwer erkrankt ist. Gemeldet hat sie sich daraufhin nicht. Ihr Verhältnis zu ihm war nicht gut, trotzdem hätte ich mich gefreut, wenn sie mir ein bisschen Unterstützung geschenkt hätte. Von mir aus auch seelische. Doch sie ist unbeirrbar in ihren Entscheidungen. Daher wird ebenso kein Interesse gezeigt, wenn der Stiefvater krank ist. Neugierig scheint sie dennoch geworden zu sein, da sie nichts mehr von mir gehört hat.

Als ich ihr erzähle, dass er inzwischen verstorben ist, hält sich ihr Mitgefühl in

Grenzen.

„Dann bekommst du ja jetzt alles, auch den Teil von Mamas Erbe, den wir von Axel nicht bekommen haben", sagt sie und ich bekomme ein schlechtes Gewissen. Sie redet davon, dass unser Stiefvater uns den gesetzlichen Erbteil nach Mamas Tod ausgezahlt hat, nicht aber die gesamte Summe. Bei der Differenz handelt es sich um Peanuts.

„Ähm ...", erwidere ich und bin mir nicht sicher, was ich darauf sagen soll. In Gedanken gehe ich allerdings eine imaginäre Liste durch, auf der ich nach einer Leistung suche, die sie qualifiziert, honoriert zu werden. Ich möchte sie gern aufspüren, die Heldentaten meiner Schwester für unsere Mutter oder unseren Stiefvater. Dabei stelle ich fest, dass die Liste so kurz ist wie mein kleiner Zeh.

Ich belasse es bei meinem Gestammel und versuche, das Thema zu wechseln. Über diese Angelegenheit muss ich erst mal in Ruhe nachdenken. Und dafür brauche ich ziemlich viel Zeit. Denn eigentlich habe ich momentan andere Sorgen.

Am Abend erzähle ich „Herrn Floh" von dem Telefonat und dass ich darüber nachdenke, meiner Schwester einen Geldbetrag zu überweisen. Er schüttelt den Kopf und zeigt mir einen Vogel.

„Deine Schwester hat für eure Eltern nicht einen Finger gerührt. Dein Vater war für sie nur Luft. Als deine Mutter monatelang schwer krank im Krankenhaus lag, hat sie sich nicht ein einziges Mal bequemt, nach Berlin zu fahren, um sie zu besuchen. Dein Stiefvater hat sie überhaupt nicht interessiert. Die Wohnung haben wir alleine ausgeräumt, sie hat nicht geholfen, sich nicht mal gemeldet. Sie hat den gesetzlichen Erbteil von eurer Mutter erhalten. Es ist alles richtig gelaufen."

Ich nicke mit dem Kopf. Er hat Recht. Trotzdem nehme ich mir etwas vor: Sollte sich meine Schwester in Zukunft mehr um mich bemühen, werde ich ihr einen Teil überweisen.

Jetzt muss ich noch eine Hürde überwinden. Die Wohnungsgesellschaft hat sich angemeldet und möchte die Räume besichtigen. Sie haben mir bereits klargemacht, dass die Wohnung zurück in den Ursprungszustand gebracht werden muss. Da mein Stiefpapi aber im Laufe der Jahre in allen Zimmern Veränderungen vorgenommen hat, wäre dies für mich eine schier unlösbare Aufgabe. An Decken und Wänden wurden Vertäfelungen angebracht, im Wohnzimmer hängt eine Schrankwand. Einen Heizkörper hat er verkleiden und das Badezimmer neu fliesen sowie mit modernem Porzellan von Villeroy und Boch ausstatten lassen. Die Küche wurde ebenfalls gefliest und mit einer topmodernen Einbauküche versehen. Die Haustür wurde ausgewechselt und gegen eine einbruchsichere ersetzt. Die Böden im Flur und auf dem Balkon bekamen ebenso neue Fliesen. Alles totschick, jedoch kein Ursprungszustand. Zwar verstehe ich nicht, warum eine Wohnung nach einer qualitativen Aufwertung verschlechtert werden soll, aber das Recht ist auf der Seite der Gesellschaft. Dass mein Stiefpapi in die Bude ein Vermögen investiert hat, zählt nicht. Jetzt rechne ich damit, all mein Geld in den Rückbau der Wohnung stecken zu müssen. Das raubt mir schon seit Tagen den Schlaf. Als der Besichtigungstermin näher rückt, ist meine Nervosität nicht mehr auszuhalten. Die Nacht vor meiner Hinrichtung tue ich kein Auge zu. Um sechs Uhr morgens erwäge ich aufzustehen, da ich mich auf meiner dünnen Matratze wälze wie ein Wildschwein im Dreck. Ein Weilchen überlege ich noch, als ich plötzlich aufschrecke. In der Küche rappelt es lautstark und der Krach lässt meinen Puls in die Höhe schießen. Etwas ist auf den Boden geschepptert und hat die Ruhe gestört, die in der Wohnung herrschte. Ich stürze hoch und renne nach nebenan. Der Kalender, den ich mit einem kniffeligen Trick bombensicher wieder angehängt habe, ist erneut runtergefallen. Das ist doch nicht möglich! Der saß so fest an der Wand wie eine deutsche Eiche im Boden. Ich bücke mich und hebe ihn auf. Dabei schüttle ich mit dem Kopf und kann nicht glauben, wozu die jenseitige Welt imstande ist. War das jetzt ein Zeichen von meinem Stiefpapi oder meiner Mama? Egal. Ich bin dankerfüllt, nicht allein zu sein. Jetzt weiß ich, dass ich Unterstützung von drüben erhalte und mir keine Sorgen wegen der Wohnung zu machen brauche.

Gegen Mittag kommt Renatchen vorbei für den Fall, dass ich einen Zeugen benötige. Ich habe mir fest vorgenommen, mir nicht alles gefallen zu lassen und im Notfall einen Anwalt zu beauftragen. Punkt dreizehn Uhr klingelt „Herr Pingelkopf" von der Gesellschaft an der Tür. Ich bin auf alles vorbereitet und auf Krawall gebürstet. Ein gutaussehender, mitteljunger Mann im Motorraddress kommt herein und zeigt mir sein strahlend weißes Gebiss. Er ist bestens gelaunt und unterhält sich angeregt mit uns. Dabei wirft er oberflächliche Blicke in die Wohnung, als wäre das alles nicht wichtig.

„Sieht alles sehr gepflegt aus", stellt „Herr Pingelkopf" fest und erstaunt mich zunehmend.

Am Telefon klang er noch wie der Vollstrecker und auf einmal ist er lammfromm.

„Wir werden mal sehen, ob wir nicht einen Nachmieter finden, der die Einbauten übernimmt. Sie können gern dabei helfen, Frau Weber", bietet er an, obwohl er bei unserem letzten Telefonat das Gegenteil erklärt hatte.

„Aber Sie sagten doch, das wäre Ihnen nicht recht", erwidere ich und verstehe die Welt nicht mehr.

„Sie möchten bestimmt schneller aus dem Mietvertrag", offeriert er mir unerwartet.

„Äh ...!"

„Ich kann natürlich nicht versprechen, dass ich mich für einen Ihrer vorgeschlagenen Nachmieter entscheide, aber gemeinsam bekommen wir das bestimmt schneller hin."

„Das ist ja großartig!", triumphiere ich und schicke einen Dank nach oben.

Nachdem „Herr Pingelkopf" gegangen ist, können Renatchen und ich nicht glauben, was wir gerade erlebt haben. Wir rechneten mit Krieg und nicht mit einer Friedenspfeife. Verrückte Welt! Für mich ist klar, dass ich Hilfe von drüben erhalten habe. Vielleicht hat meine Mama auf „Herrn Pingelkopf" eingewirkt, ihm eingeredet, Gnade walten zu lassen. Und er hat angenommen, selbst auf diese geistreiche Idee gekommen zu sein, mir entgegenzukommen. Ja, so muss es gewesen sein. Ich habe das Gefühl, innerlich bestätigt zu werden, sehe meine Mutter wild nicken. Ich bin begeistert und zeige ihr in Gedanken einen Daumen nach oben.

Ich habe Nachmieter gefunden. Ein junges Studentenpaar mit guten Referenzen. Keine Woche hat es gedauert und mir sind die beiden ins Netz gegangen. Sie sind bereit, sämtliche Einbauten meiner Eltern zu übernehmen und ich kann mein Glück kaum fassen.

Die Wohnung darf ich einen Monat früher abgeben als gedacht. Ich bin froh, als ich dieses Kapitel schließen kann und alles überstanden habe.

Renatchen und Lori lassen mich nur ungern zurück nach Hamburg reisen. Sie wissen, dass wir uns von nun an nicht mehr so oft sehen werden. Wir nehmen uns vor, den Kontakt nicht abreißen zu lassen. Sie werden mir fehlen, so viel ist klar.

Ich habe meine Eltern zwar verloren, aber die Freundschaft zu zwei liebenswerten Menschen gewonnen.

Kapitel 10

Ein Dreivierteljahr ist inzwischen vergangen und ich möchte mit meinem Stiefpapi über ein Medium in Kontakt treten. Ich finde einen jungen Mann in Berlin, den ich sofort anschreibe, weil er mir übers Internet sehr sympathisch erscheint. Wir verabreden einen Termin, den ich mit einem Kurzurlaub in der Hauptstadt verbinden möchte. Ich reserviere ein Doppelzimmer für „Herrn Floh" und mich in einem netten Hotel. Natürlich planen wir, uns mit Renatchen und Lori zu treffen, und das gleich an mehreren Tagen. Schließlich wollen wir möglichst viel Zeit mit den beiden verbringen.

Ich freue mich, als wir endlich nach Berlin fahren können. Am dritten Urlaubstag mache ich mich auf zu meinem ersehnten Termin. Diesmal bin ich nicht ganz so aufgeregt wie beim letzten Mal mit Anna. Nun weiß ich ja, was mich erwartet. Ich bin voller Vorfreude und kann es kaum abwarten. Wieder finde ich einen Parkplatz direkt vorm Eingang. Bei herrlichem Sonnenschein klingle ich an der wuchtigen Haustür und drücke mich dagegen, als das Summen ertönt. Ein blonder Mann in meinem Alter empfängt mich und bittet mich herein.

„Meyer", sagt er, während er meine Hand feste schüttelt.

„Weber", stelle ich mich vor und registriere, dass wir beim „Sie" bleiben werden.

Auch diesmal muss ich meine Schuhe ausziehen. Aber ich habe vorgesorgt und meine Latschen mitgebracht. Ich stülpe sie mir über, während Herr Meyer und ich über dies und das quatschen. Wir lachen viel und haben wohl einen guten Draht zueinander. Das ist bestimmt nicht unwichtig fürs Vorhaben.

Wir nehmen nebenan Platz und Herr Meyer teilt mir mit, dass meine Mutter bereits seit ein paar Stunden bei ihm sei und sich auf mich freue. Ich bebe vor Glück, dass meine Mama hier ist und wieder einmal vor lauter Aufregung früher erscheint, um mit mir zu sprechen.

„Ist mein Stiefvater denn nicht hier?", frage ich Herrn Meyer ein wenig enttäuscht.

„Nein, tut mir leid", sagt er und sieht mich mitfühlend an. Er bemerkt, wie traurig es mich macht, dass mein Papi nicht gekommen ist. Macht mir aber Mut und erklärt, dies müsse nichts heißen.

Fast kommen mir die Tränen, weil ich schon annehme, er könnte böse auf mich sein. Bis Herr Meyer den Grund für sein Fehlen erfährt.

„Kann es sein, dass Ihr Stiefvater im Koma gelegen hat, bevor er gestorben ist?", fragt er unvermutet und lässt mich aufhorchen.

„Ja!", schreie ich meine Antwort fast heraus. Ich bin so aufgeregt, als ich das höre.

„Ihre Mutter teilt mir gerade mit, dass Ihr Stiefvater immer noch im Koma liegt."

Hätte ich nicht bereits mehrere Bücher über das Thema „Jenseits" gelesen, würde ich jetzt wahrscheinlich denken, der „Mediummann" spinnt. Aber dadurch ist mir bekannt, dass Menschen, die hirngeschädigt sterben müssen, manchmal nicht sofort begreifen, dass sie tot sind und davon ausgehen, weiterhin im Krankenhaus zu liegen. Dadurch passiert es, dass sie den komatösen Zustand als Seele einfach weiterdurchleben und den Übergang ohne Hilfe schlecht schaffen.

„Wie bekommen wir ihn da raus?", frage ich und bin erleichtert, dass Axels Fehlen nichts mit mir zu tun hat.

Herr Meyer lächelt, denn er weiß, wie es geht. Mit Hilfe meiner Mutter und weiterer tatkräftiger Unterstützung von drüben. Zugleich unterstützt die Verbindung, die er zwischen meiner Mutter und mir schafft. Herr Meyer wird von der anderen Seite angeleitet und nach einiger Zeit wird mein Stiefpapi geweckt.

(Ich weiß, ich habe das sehr laienhaft dokumentiert. Allerdings bin ich ja keine Fachfrau in diesen Angelegenheiten und habe auch nicht vor, es zu werden.)

„Wo bin ich hier?", fragt mein Stiefpapi wohl in diesem Moment, erzählt mir Herr Meyer.

Er erklärt mir, dass Axels verstorbene Angehörige und Freunde um ihn herum seien und ihm applaudieren. Er verbeuge sich und genieße den Rummel um seine „Person".

Jetzt erklärt man meinem Stiefpapi auf der anderen Seite, dass er gestorben sei, und das bereits vor acht Monaten.

„Und da habta mich so lange hier liegen jelassen?", erwidert Axel, wie Herr Meyer sehr anschaulich wiedergibt. Obwohl ihm kein Berliner Dialekt anhaftet, spricht er im selben Berliner Jargon wie mein Stiefpapi.

Ich muss grinsen. Das ist er! Ich erkenne seinen kessen Humor.

Ich freue mich und frage, ob er denn schon bereit wäre, mit mir zu sprechen. Herr Meyer fragt nach und bekommt eine positive Antwort.

Daraufhin beschreibt er Axels Aussehen.

„Ihr Stiefvater war groß und überaus schlank", sagt er, während er die nächsten

Informationen erhält.

„Ja, das stimmt."

„Er zeigt mir einen kahlen Kopf. Demnach hatte er also eine Glatze."

„Ja", antworte ich und griene. „Da habe ich immer gern rübergewischt."

„Ihr Stiefvater nickt und zeigt einen Mund."

„Ja, am liebsten habe ich draufgeküsst."

Herr Meyer schmunzelt.

„Ihr Vater ist ein sehr humorvoller Charakter", sagt er und lächelt entspannt. „Mitunter hat er eine scharfe Zunge und ist oft sarkastisch."

„Ja, in der Tat", bestätige ich die Aussage des „Mediummannes". Jetzt weiß ich genau, dass Axel sich am anderen Ende der Leitung befindet. Er hat sich selbst gut beschrieben. Ironisch und manchmal zynisch. Halt mein Stiefpapi!

Ich hole die Kette hervor und zeige sie Herrn Meyer.

„Diesen Schmuck hat mein Stiefvater im Urlaub gekauft. Ich würde gerne wissen, für wen er bestimmt war."

Herr Meyer teilt mir mit, dass der Bernstein ursprünglich nicht für mich gedacht war. Aber mein Stiefpapi bittet ihn, mir auszurichten, ich könne die Kette gerne behalten, wenn sie mir gefiele oder ich ein Andenken an ihn haben möchte.

„Nicht, dass es nachher noch Streit jibt", fügt Axel außerdem an, was Herr Meyer amüsiert auf Berlinerisch ergänzt.

Ich lache und höre meinen Stiefpapi wieder raus. Herr Meyer kann ja nicht wissen, dass Axel ein Berliner Urgestein war und es einfach nicht schaffte, Hochdeutsch zu sprechen. Ich winke ab und schüttle den Kopf.

„Nein, Papi, ich hatte mir fest vorgenommen zu erfahren, für wen du sie gekauft hast. Ich habe genug Andenken an dich, vor allem in meinem Kopf. Das letzte Jahr war für uns beide ein sehr intensives, in dem wir Papa und Tochter sein konnten. Dafür bin ich dir sehr dankbar."

„Dein Stiefvater schickt dir ein Herz", sagt Herr Meyer.

Tränchen kullern über meine Wange. Das ist das schönste Geschenk, das er mir machen konnte. Mir mitteilen zu lassen, dass er mich lieb hat.

„Ich erfahre von Ihrem Stiefvater, dass die Kette für eine Freundin gedacht war."

„Für welche denn? Lori oder Renatchen?", frage ich interessiert.

„Er sagt, er hatte sie für eine Hannelore gekauft."

Natürlich, Lori ist ja Hannelore. Ich lächle, da mir nun tatsächlich etwas gelungen war, was unmöglich erschien: Ich habe nach Axels Tod herausgefunden, für wen er den Bernstein besorgt hatte. Dass er ihn ursprünglich nicht mir schenken wollte, ist okay. Er hat mich reichlich beschenkt mit seiner Zuneigung und dem, was er mir vermacht hat. Nein, jetzt kann ich in seinem Namen etwas weiterverschenken. Und das bedeutet mir viel.

„Ihr Stiefvater möchte Ihnen danken", sagt Herr Meyer lächelnd.

„Aber wofür?", frage ich verwundert.

„Weil er viel von Ihnen gelernt hat", behauptet der „Mediummann", während ich mich nachdenklich am Kopf kratze. Was kann Axel von mir gelernt haben? Sein Allgemeinwissen war unschlagbar und im Gegensatz zu ihm habe ich gerade mal ein halbes Leben gelebt. „Er hat Sie bewundert, wie gut Sie mit Ihrer Erkrankung umgehen können, dass Sie es all die Jahre geschafft haben, nicht aufzugeben. Er selbst wäre an solch einer Krankheit zerbrochen. Sie sind eine Kämpfernatur und waren in dieser Hinsicht seine Lehrerin."

Ich bekomme Gänsehaut. Herr Meyer kann von meiner Erkrankung nichts wissen. Jedenfalls nicht von mir. Zwar fühle ich mich täglich sterbenskrank und totgeweiht, aber das sieht man mir nicht an. Ein weiterer Beweis, dass hier alles echt ist: Nämlich der Kontakt zu meinen Eltern.

„Danke, Papi", sage ich berührt. „Und vielen Dank für das Erbe. Es hilft mir sehr."

„Ihr Stiefvater meint, dies sei das Mindeste, was er für Sie tun konnte."

„Danke, Papi."

Ich lasse seine Antwort ein wenig auf mich wirken, bevor ich weiterrede. Sie macht mich glücklich.

„Dann konnte mein Stiefvater bei seiner Beerdigung gar nicht dabei sein", stelle ich fest und auf einmal wird mir klar, warum ich damals das Gefühl hatte, jemand würde fehlen. „Und die Grabrede, die ich für ihn geschrieben habe, hat er auch nicht gehört."

„Nein", antwortet Herr Meyer für Axel. „Aber es würde ihn freuen, wenn Sie ihm die Rede irgendwann mal vorlesen."

„Ja, das ist eine tolle Idee!", rufe ich aus. „Das mache ich gern."

„Ihre Mutter sagt, sie wäre gern dabei. Sie war bei der Beerdigung ihres Mannes anwesend und möchte den Text noch mal hören."

„Das würde mich sehr freuen", antworte ich und nehme mir vor, dies möglichst bald zu machen.

Nun will ich meinen Stiefvater in Ruhe ankommen lassen dort drüben in der neuen Welt und unterhalte mich noch ein wenig mit meiner Mutter. Ich frage sie, wie es ihr geht und was sie drüben für Dinge tut. Sie würde viel lachen, ist die Antwort und wäre mit drei anderen Seelen befreundet. Ja, meine Mama hat immer großen Wert darauf gelegt, lachen zu können. Lachen war ihr Lebenselixier und scheint es im Himmel nach wie vor zu sein. Ich erfahre, was sie so macht und welche Pläne sie hat. Dass ich die Chance erhalte, einen kleinen Einblick in ihr jetziges Leben zu bekommen, sehe ich als großes Geschenk an.

Sie lässt mich wissen, dass sie den Kalender zweimal von der Wand fallen ließ, um mir zu zeigen, dass ich nicht allein bin mit meinen Sorgen. Auch hat sie den Fernseher zweimal hintereinander anspringen lassen aus denselben Gründen. Alle Zeichen sowie das mehrmalige Aufleuchten der Glühbirnen in der Wohnung waren Botschaften von ihr. Ich habe sie alle richtig gedeutet. Ich danke meiner Mutter für ihre Hilfe in den schweren Zeiten. Für mich ist sie einfach die tollste Mama im Diesseits und Jenseits.

„Ist es möglich, dass ich mit meinem leiblichen Vater ebenfalls Kontakt haben kann?", frage ich Herrn Meyer und hoffe, ihn nicht zu überfordern. „Ich habe da eine Frage, die mir sehr am Herzen liegt."

Der „Mediummann" ist sich nicht sicher

und fragt drüben nach. Es dauert einen Augenblick, bis mein Vater erscheint. Er freut sich, dass ich mit ihm sprechen möchte und nimmt sich bereitwillig Zeit für mich.

„Ich würde gern wissen, ob der Lotteriegewinn von dir stammt", erkundige ich mich bei meinem Papa.

„Ihr Vater teilt mir mit, dass er gern mehr für Sie getan hätte. Aber er weiß, dass Sie ein intelligentes Mädchen sind und es aus eigener Kraft schaffen können, finanzielle Unabhängigkeit zu erlangen. Darum möchte er Ihnen gern zwei Bücher empfehlen, die Ihnen weiterhelfen werden."

Ich reiße meine Augen auf und bin perplex. Im Jenseits interessiert man sich für die Literatur im Diesseits? Unglaublich!

„Äh, das fände ich toll!", erwidere ich unsicher, aber wissensdurstig.

Herr Meyer schreibt mir die Titel beider Bücher auf und reicht mir den Zettel.

„Danke, Papa", sage ich und würde am liebsten sofort losrennen, um die Lektüre zu kaufen.

Zum Schluss frage ich ihn noch, ob das

Zeichen aus dem Radio von ihm stammte.

„Ihr Vater bestätigt das und hofft, dass Ihnen das Lied gefallen hat."

Ich griene bis über beide Ohren.

„Ja, danke", sage ich und freue mich, so viele Zeichen von meinen Eltern aus dem Jenseits erhalten und sie fast alle erkannt zu haben.

Kapitel 11

Mittlerweile ist ein weiteres Jahr vergangen. Meine Schwester hat sich weiterhin nicht bei mir gemeldet. Lediglich eine nächste E-Mail zu meinem Geburtstag habe ich erhalten. Also fasse ich mir ein Herz und rufe sie wieder an. Wir telefonieren auch diesmal sehr lange, jedoch merke ich, dass wir miteinander nicht weiterkommen. Eine Annäherung scheint nicht mehr möglich, denn es gelingt ihr nicht, ihre Distanziertheit abzulegen.

Gelegentlich schreiben wir uns noch eine Mail. Besser gesagt, ich schreibe ihr und sie antwortet. Manchmal mache ich ein bisschen Druck in meinen Nachrichten und möchte sie auffordern, mehr für uns zu tun. Aber das fasst sie sehr negativ auf und ermahnt mich, damit aufzuhören, das würde sie nur reservierter werden lassen. Sie schreibt, ich solle keine Erwartungen an sie stellen, dann wäre ich auch nicht enttäuscht.

Gesagt, getan. Von nun an erwarte ich nichts mehr von meiner Schwester und habe mein Vorhaben, ihr Geld zu überweisen, aufgegeben. Trotzdem macht es mich traurig, dass das schwesterliche Band zerrissen ist. Schließlich sind wir eine Familie. Doch wird der Acker nicht gedüngt, kann nichts mehr wachsen. Man kann halt nichts erzwingen.

Die Mutter meines Freundes ist nun ebenso nach langem Leid im Pflegeheim verstorben. Sie hat es nicht geschafft der Pflegebedürftigkeit zu entrinnen. Nach ein paar Monaten gab sie ihren Kampf auf. Von da an war es nur eine Frage der Zeit, wann ihr Lebensfunke erlischt. Das Essen wurde zunehmend schwerer für sie und ihr Optimismus schwand. Es war furchtbar für uns, sie so unglücklich zu sehen.

Jetzt ist sie ebenfalls im Jenseits angekommen, dieser für uns unwirklichen, aber durchaus existenten Welt. Wir können sie nicht sehen, doch einige Menschen besitzen das Talent, sie zu fühlen, sich mit ihr zu verbinden. Ich gehöre nicht dazu, trotzdem hatte ich die Chance, einen kleinen Einblick zu erlangen, weil von der anderen Seite Zeichen geschickt wurden und mir zwei medial veranlagte Personen beim Kontakt geholfen haben.

Und auch Helga hat „Herrn Floh" und mir ein Zeichen geschickt, das wir erstaunlicherweise nicht zusammen erlebt haben. Während mein Freund die Wohnung verließ, um den Müll wegzubringen, blitzte es ein paar Mal im dunklen Keller auf. „Herr Floh" wunderte sich, bis ihm seine Mutter in den Kopf schoss und er wusste, dass sie sich bemerkbar machte. Er ging nach unten und suchte nach einer Ursache, fand aber keine. Als er das Licht im Kellerraum einschaltete, war nichts zu sehen. Keine Lampe war defekt. Alle strahlten einwandfrei. Zur gleichen Zeit lief ich in der Wohnung aufgeregt in die Diele, weil ich aus dem Wohnzimmer heraus Lichtveränderungen im Flur bemerkt habe. Eine der drei Lampen leuchtete plötzlich auf.

Mehrmals ging sie aus, dann wieder an. Ich dachte sofort an Helga, darum begrüßte ich sie und sagte ihr, wie sehr ich mich über ihren Besuch freue. Daraufhin winkte mir die Glühbirne noch heftiger zu. Nach ein paar Minuten war der Spuk vorbei und die Lampe funktionierte wieder fehlerfrei.

Wie schön, dass auch „Herr Floh" einen letzten Kontakt zu seiner Mutter haben durfte und ihn als solchen erkannt hat.

Sind wir aufmerksam, verstehen wir die Signale. Wir dürfen unseren Sinnen ruhig trauen und sollten die Erlebnisse nicht als unbedeutenden Zufall abstempeln. Überdies können wir unsere Gefühle ernst nehmen, wenn wir annehmen, nicht allein zu sein. Nachdem meine Mama gestorben war, hatte ich sie monatelang an meiner Seite gespürt. Denn ein unsichtbares Band verbindet uns aufgrund unserer großen Liebe füreinander. Nicht jeder Hinterbliebene erhält so deutliche Zeichen. Es kommt darauf an, wie stark die Bindung zwischen Verstorbenen und Hinterbliebenen ist.

Inzwischen weiß ich, dass ich nicht die Einzige bin, die solche Dinge erlebt hat. Es gibt etliche Geschichten anderer, die ähnlich verliefen. Viele Hinterbliebene haben rätselhafte Erlebnisse. Da ist eine Parallelwelt, in der das Leben weitergeht. Nach unserem Ableben im Diesseits existieren wir in anderer Form weiter. Wie genau diese Welt aussieht, weiß wohl niemand genau. Aber sie ist da und hat einen Einblick in unsere.

Oft dachte ich, wie nah das Jenseits sein muss, wenn die Verstorbenen Kontakt mit uns aufnehmen oder uns besuchen können. Wir sind nicht imstande rüberzublicken, hingegen kann man im Jenseits sehr leicht zu uns schauen. Womöglich ist der Tod eine höhere Daseinsebene, ein Leben in der vierten Dimension. Wer weiß das schon genau?

Nicht alle Menschen sind offen für dieses Thema, leben ihr Leben im Hier und Jetzt. Ich möchte niemanden überzeugen. Doch es war mir wichtig, die Erlebnisse niederzuschreiben, vielleicht dem einen oder anderen Verbliebenen Hoffnung zu machen, dass seine Liebsten noch da sind und wir uns alle eines Tages wiedersehen werden.

Übrigens habe ich die beiden Bücher, die mir mein Vater aus dem Jenseits nannte, sofort gekauft. Ich habe sie verschlungen wie einen Thriller. Die Tipps, die darin standen, habe ich beherzigt, was nach einigen Monaten tatsächlich zum Erfolg führte. Zwar bin ich kein Millionär geworden (was nicht ist, kann ja noch werden), aber ich habe mir ein wachsendes finanzielles Polster erarbeitet. Die empfohlenen Bücher waren entscheidend für dieses Wachstum und obwohl ich es jetzt besser weiß, kann ich kaum glauben, wie uns die jenseitige Welt in unserem Leben auf dieser Seite unterstützt.

Weitere Bücher von Leni Weber:

Krank ohne Diagnose
und
Krank ohne Diagnose
„Sonderformat Großschrift"

erschienen am 03. Dez. 2016

Zum Inhalt

Herr Doktor, ich bin „chronisch". Kann man dagegen etwas machen?
Leni erkrankt. Einfach so. Nach über 32 Jahren unerschöpflicher Gesundheit ist Schluss. Alles Gute ist wohl irgendwann mal vorbei, denkt sie, gibt sich aber nicht geschlagen. Ihr Körper ist ausgedörrt wie ein alter Zweig und ihre neue körperliche Schwäche hindert sie daran, ein normales Leben zu führen.
Was? Ich soll zum Psychologen. Aber ich sieche körperlich dahin und nicht geistig.
Sie stößt auf Hindernisse bei Ihrem Kampf um eine Diagnose, weil ihr niemand glaubt. Machen es sich Ärzte zu einfach, indem sie Patienten mit ungewöhnlichen Krankheitsbildern zu schnell aufgeben?
Ist das denn so selten? Bin ich etwa der einzige Mensch auf der Welt, der krank ohne Diagnose ist?

Ein spritziger Erfahrungsbericht, der zum Nachdenken anregt und vielen aus der Seele sprechen wird, die ähnliche Erfahrungen gemacht haben.

Trailer zum Buch „Krank ohne Diagnose":

https://www.youtube.com/watch?v=2drU3F7ir9o

Buchvorstellungen auf weiteren Web-Seiten:

http://www.fatigatio.de/aktuelles/details/artikel/krank-ohne-diagnose-v-leni-weber/

http://www.lebenszeit-cfs.de/literatur.html

http://www.genuk-ev.de/Lit_UK.html